請對自己好一點

平息內在風暴的善待之書

心理學博士
蘿拉・希爾伯斯坦－蒂奇◎著
翁雅如◎譯

獻給工作上與人生中那位溫暖、有智慧又真誠的伴侶丹尼斯——

我愛你以及你所做的一切。

目錄 CONTENTS

PART 04

有關懷力的人生

第1章 為何要學習自我關懷

什麼是自我關懷？

隨著研究日漸發展，我們發現一個人能產生的同情心之中，最重要的一種，往往不是對他人的同情心，而是對自己的同情與關懷。這種能力又稱為「自我關懷」，也就是能有意識地將自己具備的愛護與支持的天性，轉向投注於自我以及自我面對的困境，此舉能強化韌性和勇氣，使人得以面對人生中最艱困的挑戰。這本書會讓你知道如何發展出自我關懷的能力，讓你能藉此在人生的路上對自己、對自我遭遇更有意識、正念與善良之情。我希望你透過這本書學習到的技巧能夠讓你足以開始打造一個充實且追求價值的人生。這麼一來，要是遇見了挑戰，你也能站在充滿力量、肯定與愛自己的出發點去面對。

人生本來就是充滿挑戰，所有人都得概括承受。唯一的未知數，是我們究竟在何時遇見、要如何面對這些挑戰，而不是挑戰與困境會不會發生。有些人也許會遇到令人措手不及的悲劇，失去珍愛之人事物，其他人可能是會經歷讓他們留下創傷的事件。而對有些人來說，最大的痛苦來源可能只是心裡揮之不去的自我否定感，或者是一直覺得自己「不夠好」。除了每個人人生中本來就存在的高潮迭起，別忘記還有一件很基本的事，那就是生、老、病、死都會發生在我們自己以及所愛之人的身上。這樣的苦痛就內建在人類生活經驗裡，這也是我們需要同情心的諸多原因之一。

同情心的重點，就是讓我們能夠透過一種支持的關係，在他人經歷的苦痛中表達感同身受以及共同承擔。而自我關懷則要拿出我們面對所愛之人的時候會表達的那種投入態度和開放心胸，去面對我們自身的困境和挑戰。自我關懷包含覺察力、理解力，以及可以與苦痛站在一起、出力支持的勇氣。這本書會教大家如何建立自我關懷的能力，以及如何使用這股新的力量來更加善待他人、做出更理想的決定、克服情緒障礙以及活出更充實、更豐富的人生。

自我關懷的元素

自我關懷有幾個不同的組成元素，所以要養成這個能力和習慣，會帶領我們踏上一條岔路——這條路雖然旁岔，仍與主道平行。基礎元素包含：

覺察力與專注力：要能夠對自己產生同情心，你應該要先與自己的感受和需求站在同一陣線。這表示要訓練自己有意識地去留意、並且能夠認知自己正在承受壓力。在自我關懷的情況下，我們會注意到不舒服的想法和情緒，且不會想要閃避或改變自己的感受。假想我要帶孩子們去車程大概要一個小時的水上樂園玩，上路大概二十分鐘後，我發現自己忘了帶他們的泳裝。就跟多數人一樣，我大概會立刻開始出現自責的念頭，例如「太誇張了吧！你怎麼可以這麼蠢?!」。我可能會因為焦慮或羞愧，感覺到胸口一緊。在像這樣高壓的情況下要施展自我關懷的覺察力，我會在這些思緒和感受出現時讓自己去體會，把專注力放在上頭，但不能被情緒淹沒——也不要把那些想法當真。畢竟，忘記帶泳裝不代表我就是蠢。我的思緒在那個當下也許會這樣對我說，但是只要我不去抵抗或是緊抓不放，多數想法通常都會很快消散。練習自我關懷需要的是對自我的情緒發揮專注度與敏銳度，並且在面對自己的經歷時要能夠有接受的態度。

理解：在自我關懷中成長能讓我們看見事物的真貌，而不是只看見我們自己想的那一套，或只看見我們認定該要有的那個模樣。也就是說，我們會能夠辨明造成苦痛的原因以及處理方法。面對痛苦的源頭，我們必須具備正面應對的能力，而不是逃避。這也會需要我們去理解一個道理，那就是許多我們認為是針對個人的事件，或是想怪罪自己的事情，其實都只是人世境況的一個環節罷了。當我們能夠理解這些苦痛並不是只有自己會經歷，就能減輕羞辱或怪罪自我的程度。所以與其開始批評自己，或是掙扎著想改變自己對於忘記帶泳裝的感受，我可以做的事情是去理解我的動機是希望能夠成為有幫助的人，能讓我的家人準備好外出，而且他們快不快樂對我來說很重要。這麼一來我就能夠明白忘記帶東西只是一時疏忽，是一個忙碌、一心多用的腦袋可能會做出的事。我可以想像如果是朋友發生類似事件，我會怎麼對他說，而且絕對不會是「你是白痴嗎！」。反之，我會安慰他，或是提出實際的建議。從自我關懷的角度出發，下一步就會比較清楚。

採取行動的動機與投入程度：自我關懷不僅是一種感覺，它還代表自己願意採取行動、對自己做出有用、善良且有支持力的回應，即便我們人在苦痛之中也一樣。自我關懷代表我們要用對待自己所愛之人的方式對待自己。在前往水上樂園的路上，與其任憑驚慌、憤怒或羞愧淹沒我，我其實可以與我的家人溝通這個狀況，並且找到解決之道。

也許可以找個鄰居在半路上跟我碰頭，或者我可以掉頭開回去，好好利用全家一起在車上的時間。當然，不是每次事件都能找到完美的解決之道，但是從對自己好的出發點來處理，不要自我責怪，讓我們用比較冷靜的思緒來面對挑戰——這樣的冷靜可以讓腦袋進行更好的思考、做出更好的決策。

這本書會使用特定的練習來培養自我關懷的元素，最終讓我們學會如何過一個更健康、更有效率也更有意義的人生。你會學會如何把自己照顧得更好，以及如何在自我心中找到一個你在這世上沒想過可能存在的好朋友。這個朋友會牽著你的手，帶你打造更寬廣、更有掌握力，也更有收穫的人生。

如何使用這本書

過去幾年我以自我關懷為基礎的方式，為客戶治療以及培訓其他治療師，我將這段經驗中所學寫成了這本書。

這本書包含四個主要的部分。前三個部分——〈關懷自己的感受〉〈關懷自己的思緒〉以及〈關懷自己的行為〉——聚焦在個人經歷上，讓你可以進行自我關懷的練習。最後一個部分——〈有關懷力的人生〉——能幫助你把所學用在自我經歷以外的世界上。

你可以從頭到尾將這本書讀過，按照我提供的順序來探索這些想法並且進行練習。你也可以隨時從有興趣的部分開始閱讀，取決於你的感受或者是你當下在面對什麼樣的挑戰。「自我關懷之路」的流程圖（第十六頁到第十七頁）可以幫助你決定你想開始頻繁運用的是哪一個實用策略——以及如何能夠將其完善地運用在生活中。要記得，你可以決定自己要怎麼培養自我關懷。

不論你決定怎麼運用這本書，都應該將所有部分都看完再規劃，因為本書的技巧與概念皆環環相扣。你會在整本書裡看見好幾則標示為「試試看」的自我關懷練習。這些建議策略來自已經受到研究和實例肯定的心理學技巧，在協助各式各樣的人面對不一樣的挑戰時，確實能夠幫助他們開發同情的能力。

本書的每一章節也包含「採取自我關懷」的欄位，這裡提供他人使用自我關懷的真實案例。（請注意：本書所使用的委託人案例中，姓名與身分資訊皆經改動，以保護個人隱私。）

每一個主文都會有一個章節提供引導方針和建議，教你如何將所學結合到日常生活中，這麼一來這些自我關懷的方法最後都能成為習慣。

開始

一定要記得，這件事並不容易。學習自我關懷的路上包含要面對挑戰，也就代表有時候有些練習會讓你產生難受的想法或情緒，這在過程中是很正常的事。這段路上，你的主要責任就是好好照顧自己，並且照自己的配速前進。我建議定期利用「自我關懷之路」的流程圖（第十六頁到第十七頁）自我評估，確認最適合自己的作法。

你會需要一本筆記本記錄自己的經歷，完成部分練習。這本筆記本會成為你專屬的自我關懷指南。

就跟學習其他新事物一樣，關鍵在於堅持、耐心與練習。不過在你開始之前，先考慮過幾件事，對你會有點幫助。所以請先拿出筆記本，寫下你的想法。

你可以先找出固定的時間與空間來進行這件事，所以先想好你要用哪時候、在哪裡進行。

投入的程度很重要，有些人覺得在醒目處張貼鼓勵的便條很有幫助。

如果你有卡關的感覺，或是不想繼續進行了，就使用「自我關懷之路」的流程圖

（第十六頁到第十七頁）找回方向。暫停一段時間，等準備好了再回來繼續練習也沒關係的。

你的自我關懷之路

　　這份快速入門指南能幫助你找到策略，讓你可以鎖定特定的自我關懷目標。這本書有一連串的策略和技巧，已經證實能增加自我關懷的能力。

　　所有策略都能教你如何對自己更加關懷，但是你也可以根據自己現在所需來做選擇。總括來說，建議按照本書順序進行練習。然而，如果你希望能夠優先處理特定領域，請不用感到拘束，可以直接從那個篇章開始進行。

begin
中心區塊

讓思緒和身體
都準備好自我關懷

- 集中
- 韻律呼吸法，第二十三頁

feelings
感受區塊

將自我關懷的念頭
帶到情緒與身體體驗，
透過以下方法

- 覺察自己的情緒感受
- 暫停對情緒的批判
- 暫停對身體的批判

thoughts
思緒區塊

將自我關懷的念頭
帶到思緒之中，
透過以下方法

- 覺察自己的思緒
- 認同自我價值
- 質疑負面思緒

actions
行為區塊

將自我關懷的念頭
帶到行為之中，
透過以下方法

- 面對自我批評時，表現出關懷
- 用有關懷力的自我鍛鍊來建立韌性
- 朝自我價值的方向採取行動

第一部分

關懷自己的感受

在這一部分你會學到的內容

我們常常把自己的大腦和身體視為兩個分開的部分，但是如果可以停下來想一想，就會發現大腦和身體其實會互相連動。

想像一下，你準備要對一大群觀眾講一場重要的演說，跟大多數人一樣，你覺得公開演說是一件令人緊張的事。在等待的同時，你望向座無虛席的觀眾席，你覺得你生理上會有什麼樣的感受？你很可能會感覺到肌肉僵硬、體溫上升或是出汗。你的心跳可能會加快。

你可能會覺得腸胃翻攪，甚至是覺得想吐。你的雙手或雙腿可能會有點發抖。我們的情緒能對身體帶來很顯著的衝擊，在生理上的感受也會衝擊心理上的感受。

這兩種「感受」——情緒與身體的感覺——就是本書這個部分要探索的方向。自我關懷讓我們知道每個人都可以，也應該要對自己良善，並且接受自我，就算是在感覺到不自在或是有壓力的時候也一樣。接下來我們就一起學習如何注意、了解自己的感受狀態，讓我們可以更有效率地做出回應，而不是被牽著走，這麼一來，「受困在想要改變或壓抑感受」的情形，也會越來越少出現。

第2章 自我關懷與你的情緒

為什麼會有那些感受

人人都有情緒。每個人都是出生就有感受各種情緒的能力，從興高采烈的歡愉，到心如死灰的絕望。情緒為每日生活增添色彩和強度，如果能夠留心觀察，情緒也能提供重要資訊，讓我們知道自己在不同的當下會如何走過大小事件。一個人最強烈的情緒——例如愛——能讓我們的生活有意義、有目的。然而，情緒也可以帶來挑戰，有時候甚至是痛苦。我們都太常習慣性地批評自己的某些情緒，比方恐懼或脆弱。想要閃避不愉快的情緒也是很常見的反應，而這麼做其實會造成更多痛苦。

情緒有很重要的功能，能夠幫助我們去解讀自身經歷，並且帶領我們在這世界上生活。焦慮、快樂和興奮可以強調、引導我們往重要的人事物邁進，也讓人知道當下的情境或互動是否順利進行。覺得有信心嗎？受到威脅？無聊了嗎？還是焦慮？如果把注意力放在情緒上，就能發現許多關鍵資訊。

人都有許多不同的情緒，透過不同方式協助我們。例如以下情況：

- 遇到威脅或危險的提醒情緒：生氣、恐懼或反感。
- 在面對失去或失望的情況時的警示情緒：難過、悔恨或悲慟。
- 面對喜歡、想要達成或取得的事物或目標所產生的情緒：興奮、渴望、期待與愉悅。
- 協助我們感到放鬆、安全以及連結感的情緒：滿足與冷靜。

除此之外，我們有能力也常常會在不同情況下，一次體驗一種以上的情緒。單一事件或經歷可能會引發各種不同的情緒反應，這點讓我們在理解和回應情緒這件事的時候，會遇到一些難題。比方說，第一次約會可能會引發快樂與焦慮的複雜情緒，而在工作上出錯則是會產生焦慮、生氣，可能還有難過。每一種經事件觸發的情緒都會伴隨不同的感覺、想法和動機而來。出現多重情緒的時候，有時可能會覺得自己被這些情緒往不同方向拉扯。

如果可以用自我關懷的覺察力與理解心去面對這些情緒，我們就比較有可能可以在經歷情緒的過程中，不受到情緒控制。用自我關懷的方式去處理情緒，能夠讓我們接受、理解並對情緒反應做出有幫助的回應。這麼做可以避免隨機出現的感受牽制我們的行為，最後演變成控制整個人生。

集中歸正

面對情緒之前，你要先做一項重點練習，為這樣的身心結合的工作打下根基：韻律式呼吸歸正法。事實上，韻律式呼吸法練習是保羅．吉伯特所發明的慈悲焦點治療的基礎練習。這套用來鍛鍊關懷思緒的基本練習，與培養自我關懷的覺察力與專注力（第一章介紹過）有直接的關係，也會是你自我關懷之路的第一步。這裡的目標是要學會如何將覺察力歸正，慢下思緒與身體的速度。這麼做會讓你得以專注於進入帶有關懷心的覺察力之中。從關懷力的基礎開始，你便能真正地專注在當下發生的事情上頭。

試試看

韻律式呼吸歸正法

找一個舒適且安靜的地方坐下。

坐直身子，脊椎輕鬆打直，讓你可以舒服地深呼吸。在練習過程中，你都可以隨時照需求調整姿勢，以保持舒適且開展的姿態。

閉上雙眼，注意呼吸。讓你的專注力輕鬆地跟著每一次的吸氣與吐氣。每一次吸氣，都注意自己的胸腔與腹部緩緩升起。每一次吐氣，都注意自己的胸腔與腹部緩緩消平。感覺自己放下。讓自己注意呼吸的感受。

你的思緒會四處遊蕩，思緒就是這樣運作的。注意到這個情況時，輕輕將自己的注意力帶回自身的呼吸過程上頭。

下一次吸氣的時候，看看自己能不能將呼吸速度逐步延緩，拉長吸氣的時間，並讓吸氣過程變得更慢、更深、更長。盡可能地緩慢、平順、穩定地呼吸。吸氣時默數四到五秒，停頓一下子，然後用四到五秒時間將氣吐完。花點時間去嘗試看看，找到你覺得舒服的速度。

維持平穩、緩慢的節奏。把注意力放在全心感受緩慢、平穩的吸氣，和緩慢、平穩的呼氣，讓覺察力專注在呼吸這個動作上，良善地對待自己，持續久一點。

在睜開眼睛之前，肯定自己花了這些時間，練習用這樣的方法對自己好。接下來，將覺察力延伸出去，感覺自己的雙腳踩在地面上，感受椅子或是地面支撐著你的重量，還有你開展的姿態。等到準備好了以後，照你想要的速度，睜開雙眼，呼氣，結束這次練習。

透過這樣的呼吸訓練，可以學會如何慢下身體和思緒的速度，並凝聚專注力。我希望你能至少練習幾個循環，感覺一下專注的練習以及讓意識冷靜的過程。如果你想要的話，像這樣的韻律式呼吸歸正法練習可以成為固定的練習。你可以利用語音指令引導，或者錄下自己讀以上指令的過程，這樣一來對於日後增加練習次數會有幫助。剛開始的時候可以試著至少連續一週每日練習，每次進行五到十分鐘。從這個基礎開始，我們就可以練習用一種新的、更有關懷力的方式去注意以及回應某些特定情緒或其他感受。我知道許多人不會立刻就開始練習，但是我希望隨著你繼續讀下去，你能夠盡可能地去嘗試這些練習內容。

注意情緒與定義情緒

情緒覺察力與情緒認可能夠幫助我們自由選擇回應情緒的方法，而非僅限在情緒高漲時做出反應。要達到這樣的目標，必須先使用自我關懷的覺察力和專注力來觀察、辨識、標記情緒。我在第一章中提過，覺察力與專注力是將自我關懷帶入日常生活中的第一步。要調整情緒，就先從將專注力放在情緒帶來的感受開始。穩定呼吸後，就可以接著開始練習辨識、標記或者命名那些感受。

下一個練習，就來看看你能不能辨明自己的情緒，以及那些情緒帶來的感受。

試試看

觀察與辨識情緒體驗

接下來的幾天中，試著追蹤自己的情緒體驗。每當注意到自己的感受改變時，看看能不能觀察並辨識這樣的情緒體驗。

拿出筆記本，做一張像這樣的追蹤表給自己。

日期與時間	情況為何？現在發生什麼事？	我感覺到什麼情緒？	我的身體有什麼感覺？	我想怎麼做？

你會批評自己的情緒嗎？

要能關注並了解情緒，不見得是件容易的事，其原因很多。首先，我們可能已經習慣無視或是否定某些情緒，或者只專注在某些情緒上頭。雖然情緒人人都有，我們自己跟那些情緒是以什麼樣的方式聯繫，每個人都不一樣，一個人會如何批判或處理情緒，取決於許多變因。比方說，基因、以前學過或是沒學過的處理方法（比方透過觀察家族成員）、你的生活經歷或文化因素，這些都可能會影響你面對感受時的反應。

有些人從小就被灌輸觀念，認定以特定的方式表達情緒是很壞或有害的事。比方說，我們可能聽過「男孩子不可以哭」，或者「女生脾氣不可以這麼大」。因此我們可能就會對某些情緒感到羞赧，或者深信某些感受是不正常的。我們可能因為擔心自己在憤怒的時候會傷害其他人，因此害怕自己的憤怒——這就是問題所在，因為憤怒是一種正常、健康的情緒。有些人認為我們不可以認同情緒，以免導致自己失控或是被否定。像這樣的批評和觀念，可能會讓自己吃盡苦頭，或是產生沒有幫助的行為，例如逃避、拒絕或壓抑情緒，最後都可能會造成更嚴重的自我批評和內心掙扎。

試試看

你都怎麼評斷自己的情緒體驗呢？

以下關於情緒體驗的問題，請用筆記本將答案記錄下來：

- 你是不是覺得自己的情緒沒有什麼意義，是錯誤的，或者不正確？
- 你是否曾經覺得自己的情緒不合理？
- 你是否曾經因為自己的情緒而感覺到罪惡感、羞恥感或覺得難以啟齒？
- 哪些情緒讓你覺得不可接受或沒有幫助？
- 有沒有什麼情緒讓你覺得很有價值或有幫助呢？
- 你是不是覺得自己的情緒跟其他人的情緒不同？
- 你是否曾經拒絕面對或表達自己的情緒？
- 你還有用過什麼方式去評斷自己的情緒？

以上的問題中，針對答案為「是」的題目，請進一步回答以下問題：

可以舉例說明嗎？

這樣的狀況是你面對所有情緒皆會發生，還是只有某些特定情緒？請將其一一列出。

辨識出不同的情緒體驗，以及我們對情緒的評斷之後，就可以開始以自我關懷的方式去了解。像這樣去了解的行為，代表我們明白這些情緒體驗都是獨一無二的，而且不是只有我自己才會產生這些情緒體驗。以關懷力去理解情緒，即能認同「擁有情緒」這件事並非錯事。這是認同情緒與自我接受的第一步。要記得，我們學會這樣批評自己的情緒體驗是有原因的，但是不需要讓這些評斷來主宰我們的感受。同時，也可以提醒自己「有情緒」沒有關係，不論是什麼樣的情緒都一樣。接下來我們可以透過自問「為什麼我有這種感覺是很合理的？」來了解這個體驗。

試試看

認證與接受自己的情緒

閉上雙眼，先做幾次專注、緩慢、平穩的呼吸，或者開始進行韻律式呼吸歸正法（第二十三頁到第二十五頁）。然後回想自己過去曾經批評或試圖閃避情緒體驗的時候。找到例子以後，請在筆記本裡回答下列問題。如果你覺得這些問題很難回答，可以試試看假想自己面對遇到一樣情況的朋友，你會怎麼說。將覺察力與專注力放在情緒上面，做出回應：

- 那次的情緒叫做什麼，過程是如何？

（辨識情緒、身體感受與其他隨之而來的感覺）

- 我是如何批評或嘗試閃避這種情緒體驗？

（辨識任何批判或避免情緒的意圖）

認證與接受情緒：

- 為什麼身為一個人，我感覺到這種情緒是合理的？
（練習對於所有人類都有情緒這件事的認可）
- 為什麼考量我的過去經歷，有這些感覺都是正常的？
（練習辨識自己獨特的過往經歷）
- 為什麼考量我目前的狀態，有這些感覺都是正常的？
（練習辨識眼下的肇因或當下情況所產生情緒和回應）
- 我能不能夠承認或接受自己現在有這種情緒，包含我不想要的情緒在內？
（練習允許自己注意到的情緒存在）

帶著關懷力的理解、認同與接受我們自身的情緒也可以讓我們了解，有情緒或是對情緒產生反應的時候，不一定非得採取行動不可。對於產生那些感受的真正原因、對感受的評斷理解得越多，我們就能越有效率地回應、管理情緒感受。

正面迎向負面情緒

一旦學會承認並了解情緒，要照顧陷入困境中的自己就容易多了。我們可以學習以更有效率的方式回應情緒，比起批評或是只是嘗試「擺脫」感受，這些方法會更加健康。而最終的結果都能導向以關懷的心態去回應自我以及情緒體驗。然而，有些情緒就是特別棘手。比方說，對我們而言，在出差的時候想家時，這種哀傷的情緒比較容易被接受與認同，要在心裡找個位置容納對孩子的愛的感受也比較容易。但是要認可和接受嫉妒、憤怒或焦慮的情緒，就比較困難。這些情緒可能會很強大，也有更多不舒服和負面的感受。我們在過去事件中產生的這種批評反應（見第二十九頁到第三十頁「你都怎麼評斷自己的情緒體驗呢？」）也會讓體驗與回應情緒變得更棘手。

要對情緒敏銳，尤其是那些不愉快的情緒，就代表要直接接觸負面或影響力強大的情緒。為了學會回應那些強烈情緒的新方法，我們就必須留在情緒現場，並願意一直停留，就算直覺叫我們逃避也一樣。

然而這不代表我們必須讓情緒淹沒自己。雖然經歷不舒適感是過程的一部分，你仍可以按照自己覺得可以控制的速度來進行。在練習過程中，覺得難以承受時，就稍微暫停或抽離，這件事本身也是一種自我關懷。讓我們來練習將具備關懷力的覺察力和理解心與強大或負面的情緒連結起來吧。

試試看

面對負面情緒時的自我關懷

這個練習有一部分是從克里斯汀・內夫與克里斯多福・革末的覺察式自我關懷計畫產生的靈感，目的是希望能夠協助你減緩速度，並讓自己與對自己有關懷力的動機產生連結，去面對強烈或負面情緒。負面或強烈情緒出現的時候，請做以下練習：

先閉上雙眼，將單手或雙手放在胸口或腹部，也可輕輕將雙手放在與手不同側的肩膀上，或是任何透過輕觸能產生安撫效果的位置。感覺自己的雙手觸摸時散發的溫暖與力量。將專注力放在觸摸時的感受，留意當下的感覺。在你允許自己的覺察力停留在雙手的觸碰時，將一部分專注力轉移到呼吸的流動上。緩慢、平穩地呼吸幾次。準備好了以後，將專注力轉移到以下幾段文字，這些句子都是在情緒中自我關懷的元素，請大聲念給自己聽，或是在心中默念：

- 現在，我覺得（請說出情緒的名稱）。（練習與自我關懷的覺察力和專注力連結）
- 我現在覺得（請說出情緒的名稱）很合理，因為我是人。（練習認同並接受，進一步與自我關懷的理解產生連結）
- 請讓我能充滿自我關懷，然後照顧好自己。（練習與帶有自我關懷能力的動力連結，並承諾開始採取行動）

如果你想要的話，第三段話也可以替換成如下：

- 請讓我能接受自己，以及這些經歷。
- 請讓我可以愛自己。
- 請讓我對自己溫柔一點。
- 請讓我擁有智慧、能夠理解。
- 請讓我能有力量與意願與這些經歷同在。
- 請讓我有勇氣且能對自己堅定。

真實案例・採取自我關懷

接受與抗拒情緒

在成長過程中，艾拉學會將憤怒視為不可接受的情緒。每當她表現出憤怒情緒的時候，她的父母就會懲罰她，把她趕回房間，或是拒絕跟她交談，直到她表現得「比較合理」為止。於是她學會了壓抑憤怒，這樣的行為導致她會避免衝突，不願意表達自己的想望與需要，在感到生氣時會孤立自己，藉此避免被拒絕。她怕自己變成「糟糕的人」。因此，她常常覺得很失望、寂寞，並且阻斷自己與在乎的人的連結。她開始會害怕自己的憤怒，但是她越是抗拒，感覺就越糟。

艾拉開始學習自我關懷後，發現有鑑於過往經歷，她閃避憤怒的反應其來有自。她學會辨識這種情緒，注意到隨之而來滾燙與緊繃的感覺。她開始選擇接受，不去抵抗、閃躲這種情緒，也不為這樣的情緒批評自己。她發現了與憤怒共處同時還是能照顧自己的方式。藉著慢下來、讓自己集中歸正，以及認同自己過去對憤怒的經歷，她開始能承受憤怒，並且認同憤怒只是許多正常且合理的情緒之一。過了一段時間，她開始探索自己可以怎麼樣有效、帶有自我關懷地表達憤怒，讓她能持續與自己在乎的人維持連結。透過自我關懷覺察力、理解與採取行動的練習，艾拉知道感受憤怒或表達憤怒並不代表自己就會被拒絕，有時候反而會拉近她與其他人之間的關係，這讓她從此不用再一直害怕會經歷這樣的情緒。

自我關懷的感覺

前面提到過，情緒可能是很多重的，我們可能會對各種感受產生更多不同的感受。一旦學會去注意、認同和接受自己的感覺，就能夠產生自我關懷。刻意培養自我關懷的能力，可以幫助我們對負面、複雜和不悅的情緒體驗展開更有效率的回應。這也是為什麼學習自我關懷的過程中，有一部分也是要創造機會給像是親和、溫暖、善良與放鬆這類具有關懷力的感覺，這些通常與安全感和滿足感的體驗有關。具備關懷力的情緒可以透過像是有關懷力體驗的記憶或意象來發動，或者透過欣賞練習（觀察或寫日誌，記下這些情緒出現時的體驗）。

感激關懷情緒

這個練習會幫助你記錄自己接觸的人事物，以及你如何經歷與欣賞關懷情緒。拿出筆記本，效法本表製作一張追蹤表。

關懷 情緒	這樣的感覺 是與哪些人 產生的	這樣的感覺 是在哪裡 產生的	這樣的感覺 是對哪些 事物產生的	我如何體驗 （看見、觸摸、品嘗、聽見、聞到） 與欣賞 這些感受
溫暖				
安撫				
連結				
善良				
勇氣				

本章重點整理

試過了將面對情緒的自我關懷帶到自我關懷的覺察力、理解力、意圖與行動的練習之中。我們一起學會了：

- 認同人人都有情緒這件事。
- 運用韻律式呼吸歸正法來準備進行自我關懷練習。
- 觀察與標記情緒。
- 帶著關懷力去理解情緒本質，認可並接受其帶來的感受。
- 願意與強大情緒正面交鋒並做出回應。
- 培養與體驗自我關懷相關的正向感受。

第3章 自我關懷與你的身體

我們在這個世界上的經歷，與身體產生的感受是息息相關的。然而，因為我們並不會一直敏銳地觀察自己的生理感受，很可能就會忽略身體在其他方面的影響力，比方對情緒、做事動力高低的影響，也會影響自己如何看待發生在自己身上的經歷。我們總是忘記要保養身體，任憑身體被忽略、被冷落，或者陷入自我批判之中。提高自我關懷力也包含要學習培養覺察力，並且更加留意自己的生理層面。本章將會帶領我們學習這些技巧，並更深入地去體驗身體的感覺。

帶著關懷力去理解身體在生活中的經歷所帶來的衝擊，能夠讓我們用新的角度欣賞自己的身體、身體的節奏和需求。自我關懷的動機和行動可以幫助你找到許多方法來幫助這副每天為你這麼辛苦工作的軀體。

注意自己的身體經歷

覺察力與專注力是將自我關懷帶到身體上的第一個步驟。注意自己的身體此時此刻有什麼感受，要怎麼回應這些感受，會是一個很好的起點。就像我們針對情緒的練習一樣，你會學習如何注意、關切身體如何運作、你的姿態、你的生理感受，以及感官經歷。透過接下來的練習，我會邀請你花點時間確認自己的身體現在有什麼感覺。

試試看

留意生理感受與體感

閉上雙眼，緩慢、穩定地呼吸幾次，或者採取韻律式呼吸歸正法（詳見第二十三頁到第二十五頁）。將專注力跟著呼吸回到中軸後，把焦點轉移到身體上。先簡單清點一下。你有注意到自己的體溫大概是幾度嗎？你有注意到肌肉僵硬程度嗎？有沒有觸覺？聽覺？味覺？讓自己記下此時此刻身體所有體驗與感受。

準備好以後，請張開雙眼，拿起筆記本。

現在，請透過以下引導問題，寫下幾項觀察結果和反思：

體溫：你有沒有感覺到自己的身體是溫暖、熱、冷或涼爽？如果有，是怎麼注意到的？

肌肉：你的肌肉緊繃或僵硬嗎？你現在是放鬆的嗎？感覺到的話，你怎麼注意到的？

其他感受：身體還有哪些其他感覺呢？有沒有哪裡刺痛？有發麻嗎？其他的感覺？

其他感官：有聽見什麼聲音嗎？聞到什麼氣味嗎？味覺方面呢？

在這項練習中，你會注意到一些對於自己身體產生的斷定想法或是批評。你即將學習到的新的自我關懷技巧並不容易，但是如果你會批評自己，就會更難做到。自我關懷幫助我們留意自己的生理經歷，不去批判它。只要能夠帶著關懷力去覺察與注意身體的感受，就能夠判斷出怎麼做才是照顧自己。接下來，我們要看看你在批評自己的身體時可能會做的事，並且找出面對身體的經歷的替代方式。

你是怎麼批判自己的身體呢？

許多人把身體視為敵人，而非盟友。在面對生理感受和身體運作方式的時候，常有人將其視為長期不滿足或不滿意的狀況，並且對其批評和妄下斷言。在不想要的感受之中掙扎，或者一直糾結於身體看起來不是某個我們想要的模樣，或不能以某種我們想要的方式運作，就會導致不必要的壓力。

用批評的態度對待自己的身體可能會導致羞愧與自我批評，也可能導致問題行為，例如逃避、否定或試圖用無效的方法控制身體，例如過度節食。對於自己沒辦法時時刻刻對身體經歷滿意這件事，我們無法——也不該——逃避或否定，但我們仍可以學習以比較友善的方式來回應。培養了對自我生理的關懷後，遇上不舒服或有壓力的情況，你就能夠有更大的能力、更有效率地做出回應。

試試看

你都是如何回應生理經歷的呢？

花點時間，想想你曾如何批評自己的身體和生理經歷。你可以利用以下問題引導回答，請將答案記在記事本中：

- 你感覺到生理的疼痛時會批評自己嗎？
- 你對自己的身體是否感到罪惡感、羞恥感或尷尬？
- 有沒有什麼感覺或身體的經歷是你覺得無法接受或無法忍耐的呢？
- 你會把自己的身體經歷與他人的經歷比較嗎？
- 你是否曾經拒絕面對或覺得難以保養自己的身體？
- 你還會用其他方式評斷自己的身體或是生理感受嗎？

以上問題中，若有任何一題的答案為肯定，請回答以下問題：

- 關於那些批評，可以列舉幾個例子嗎？
- 你對自己的身體有什麼特定的想法嗎？

想想那些自我批評與攻擊。然後想像一個你真的很在意的人——你對他們的身體也會這麼嚴厲批判嗎？如果他們用你批評自己的方式批評他們自身，並大聲說出來，你會不會任憑他們這樣做？還是你會鼓勵他們對自己好一點？我們總是習慣對他人良善，對自己則否。讓我們來學習如何將我們面對所愛之人時會發揮的善良和關懷發揮在自身上。

想學會用自我關懷的方式去理解身體經歷，唯一的方法就是採取關心的口吻。我們如何對自己說話，是自我關懷中很重要的一部分。我們對自己說話的語氣，就算只是在腦海中也一樣會顯著影響自己的感受，就跟其他人對我們的用字遣詞和口吻會造成的影響相似。

這個方法是要確保你能夠公平、坦誠地觀察並描述自己的身體經歷。不代表要避免或美化你不喜歡的東西與讓你不舒服的體驗。這麼做不是要將感受縮小或是否定它，也不是要放大或強行灌入不切實際的期盼。

重點是在了解自己擁有的這具血肉之軀，要用平衡、公平並且帶有關懷力的理解方式去面對身體的經歷。

試試看

接受你的身體

自我檢查：在面對身體和生理經歷時，你對自己說話時，或是在腦海中對自己說話時是什麼樣的語氣呢？那樣的情況下，你有什麼感覺？如果你的語氣很煩躁、不悅或是氣急敗壞，能不能換個方式？比方說，使用友善、帶有鼓勵與溫暖的口吻，與尖銳或批判的口吻相比，帶來的結果就會有相當大的差異。

就算是一樣的話語，換個口氣來說就能改變你的體驗。從之前的「試試看」練習中挑一則帶有批判性的發言（「你都是如何回應生理經歷的呢？」第四十七頁）並且用尖銳或批判的口氣說出來。深呼吸後，使用溫暖或關懷的口氣再說一次。兩種口吻互換幾次，找到兩種口吻為你帶來的感受的差異。

除了對自己說話的方式，自我關懷還需要找到有用的文字來表達自己的體驗。你可能會希望用溫和一點的文字，但是一開始的時候，光是口吻和文字背後的動機就能改變你的感受，先注意到這點也是很重要的。

嘗試不同風格的自我關懷語言和口吻，直到找出自己適用的那一套為止。目標在於找出能夠在回應自己的同時，也能帶領你對自己好、關懷自己的方式。我希望你可以盡快找到溫暖、友善、堅強、勇敢和穩定的語言。想像一個支持你、在乎你、完全接受你的人回應你時會說什麼話，可能會有幫助。

心理與生理的連結

我們常常覺得腦袋和身體是分開的，這樣想實際上也不算有錯。「腦袋」這個詞，實際上意指我們的精神層面，而非真的指大腦，所以說腦袋不見得指的就是生理層面的那個部位。而「身體」代表的意思是創造出物理有機體的過程和結構。但是除了這些明顯的差異，我們的身體和大腦其實是相互依存的關係。身體上的改變可能會影響大腦，大腦也會影響生理狀態。我們剛剛進行了「接受你的身體」的練習，學習將單一情況之中，身體經歷與感受和想法連接起來。每當出現情緒或想法的時候，通常也可以注意到身體的變化，例如姿態、表情和各種生理感受。反過來說，我們可以透過進行某些生理改變，來變動感受和想法。

自我關懷的訓練中包含將思緒和身體銜接起來。

我們對待身體的方式，會影響自我關懷的練習——不論這影響是好是壞。認知到這一點以後，就可以開始想辦法製造一些條件，提高感覺或是採取一些更有關懷力的行動的機會。在「接受你的身體」的練習中，我們嘗試了不同的口吻，而在這裡，我們會把改變姿態和臉部肌肉也納入練習，藉此刺激關懷的感受以及帶有關懷力的身體體驗。

你知道嗎，當你駝背坐著，或是用畏縮的姿態走路，可能會對自己的情緒或思緒帶來負面的影響。用那樣的姿態移動身體，會限制你的動作範圍，感覺上更不自由，也不容易深呼吸。這表示培養自我關懷的思緒和身體，找到踏實、強壯和穩定的姿態是有幫助的。

同樣地，調整臉部表情也能夠幫助我們培養有關懷力、帶有關心的心態和身體狀態。我們看人的方式，以及其他人看我們的方式，對於我們自身的感覺都有很顯著的影響。比方說，溫暖、友善的表情與沒有反應或放空的表情相比，影響力差異就很大。臉部肌肉緊繃的時候，比較難產生溫暖或友善的想法和感受。所以留意臉部表情的變化，對我們的情緒和思緒都會有影響。

最後，溫暖、關懷的肢體動作也能夠幫助我們對自己感到更多的關懷力。下一個練習，就讓我們試試看透過不同的身體變化來增加關懷力的感覺吧。

試試看

透過身體來支援心靈

接下來的練習可以在坐著的時候進行，也可以是站立的狀態下進行，也可以視當下需求來調整。請你透過以下步驟來找到適合自己的方法。

身體姿態

- 放穩重心坐好（或站好），雙腳維持與肩同寬的距離。你的脊椎要是筆直但放鬆的狀態。如果你站著，請讓膝蓋微彎或放鬆，不可過度僵直或鎖死。
- 把注意力放在上半身上。讓自己的肩膀在耳下的位置自然下垂。將肩膀往後轉，朝著與胸口方向相反處移動。想像自己的肩胛骨在背部往下沉的樣子。
- 抬頭，下巴稍微揚起。可以想像有一條隱形的線從頭頂上方拉著你。這麼做可以提供支撐力給頸部和氣管，讓此處得以放鬆。

臉部表情

- 將注意力集中在臉部肌肉上。輕輕張嘴、閉嘴幾次，可以幫你排除緊繃感。接著，閉上嘴巴。放鬆眼部四周和額頭的肌肉。

- 讓自己流露溫暖、友善的表情。將嘴角兩邊輕輕上揚，露出溫和的微笑。
- 想一個心愛的人，或是任何能讓你放鬆、感到溫暖，並且在情緒上讓你覺得有安全感的對象，讓自己的身體和表情都能自然地回應這段回憶帶來的感覺。

身體姿態

- 嘗試不同方式，對自己做出關懷的肢體接觸或是動作。
- 試著輕輕將手放在心臟的位置或是肩膀上，溫和地扶著自己的手或手臂，或者安撫地拍拍自己的背。
- 用一條溫暖的毯子或是你最喜歡的毛衣將自己包裹起來，像是給自己一個擁抱，或是傳達實體的支持或友善的訊息。

痛苦、焦慮和其他生理感受

我們的文化總是鼓勵我們避免或是否定疼痛，認為疼痛「不好」、認同疼痛則是軟弱的表現。因此，大多數人都沒有學會如何接受疼痛以及面對疼痛。要能治癒疼痛，生理和心理的第一步，就是要辨識出疼痛，同時不要苦於想要擺脫或閃躲疼痛帶來的感受。雖然疼痛並不討喜，身體和情緒經歷的疼痛卻是評估自己狀況與需求的重要資訊來源。

有些疼痛與棘手的情緒體驗有關，比方焦慮或憤怒，有些則是因為改變身體狀況所帶來的，比方過度按照新的運動課表操練，還有些可能是因為疾病或受傷所致。所有的疼痛都用得到自我關懷的專注力以及理解力，這樣一來我們才能採取行動，讓自己能更有效地應對疼痛。

我們之前討論過，情緒在很多情況下都可能會影響身體。比方說，焦慮和憤怒造成心跳加速，讓我們準備採取行動。壓力很大或是緊張的時候，我們會拱背，並繃緊肩膀、下巴和其他肌肉。

我們已經開始練習一些方法，利用感官和身體來提高應付疼痛和不悅情緒時的效率：改變身體姿態、臉部表情、說話口吻，以及減緩呼吸速度。除此之外，也可以透過其他感官（嗅覺、聽覺、觸覺）來支持自我關懷練習。

接下來的全身檢視中，請使用關懷的口吻、姿態、表情和語言。

試試看

全身檢視：關懷的接納能力

找一個沒有令人分心的東西，也不會有外界干擾的舒適空間，坐在一張支撐力良好的椅子上，或是躺在瑜伽墊、地毯或毯子上。

閉上雙眼，緩慢進行幾次專心、穩定的深呼吸，或者簡單進行韻律式呼吸歸正法練習（第二十三頁到第二十五頁）。現在溫柔地將自己的專注力導向身體的體驗上。想想身體每一天多努力地為了你工作。請盡量以一種友善的好奇心來看待身體。把自己對於身體的關懷動機、那些想要善待、關心和培養身體經驗的渴望集合起來。如果有緊張、壓力或不舒服的感覺，就把注意力也轉移到這些部分，盡量給自己一種有意願的態度。能夠為這些體驗留點空間嗎？讓你和你的感受維持現在的模樣。

準備好以後，下一次吸氣時，將注意力放在雙腳和雙腿上。透過呼吸，讓關懷力流貫身體肌肉和身體感受之中，從腳趾頭開始到腳踝、脛骨、膝蓋和大腿。用良善面對所有緊繃或不舒適感。吸氣的時候，要像是把溫暖的關懷力傳到雙腳雙腿裡面去一樣。然後在吐氣的時候，放掉對雙腿的覺察力。

下一個吸氣的同時，慢慢地將覺察力移動到核心位置，從髖部往上到腹部和下背，然後到達胸口上緣。透過呼吸，讓帶有關懷的注意力和照護心流貫身體這個區塊。以好奇心、溫暖和接受的態度來面對所有緊繃和不舒適感。然後在吐氣的時候，放掉對核心位置的覺察力。

接下來吸氣的時候，把注意力帶到雙手和雙臂，從手指間到手腕、前手臂、手肘和肩膀。透過呼吸，讓關懷力流貫這些部位。用溫暖、良善和關心的態度面對所有緊繃或不舒適感。下一次吐氣的時候，放掉對雙手和手臂的覺察力。

下一次吸氣時，將注意力放在頸部和頭部。將帶著關懷力的注意力從肩膀帶到頸部、臉部肌肉和額頭，一路到頭頂的位置。透過呼吸，讓關懷力流貫這些部位。以好奇心、溫暖和接受的態度來面對所有緊繃和不舒適感。然後在吐氣的時候，放掉對頸部與頭部的覺察力。

下一個吸氣的時候，將覺察力延伸到整個身體，從腳趾開始，到頭頂的位置。現在，每次吸氣，都將關懷力、良善與感激的心意傳送出去，讓身體感受到。最後，將溫暖與照顧的意圖傳送到全身上下。接著請深深地長吸一口氣再吐出來，同時稍微動動身體，感覺一下身體現在的感受。準備好以後，請結束這次練習，回歸本來在做的事。

真實案例・採取自我關懷

建立更健康的習慣

胡安自有記憶以來，就一直有睡眠的障礙。他總是把上床時間拖得很晚，熬夜到超過預期的時間。等到真的躺下後，胡安會翻來覆去，一邊擔心自己隔天早上會精神不繼，一邊不斷查看時間。他會氣自己怎麼不早點上床，對於腦袋和身子不讓他快點睡著很不開心。感覺上像是他越努力嘗試要睡，就睡得越少。

後來，胡安開始尋找可以幫助他解決睡眠問題的方法。發現自我關懷之後，讓他的努力事半功倍。他開始採用有關懷力的覺察、了解以及行動。面對睡眠，胡安不再將其視為一場戰役，而是越來越能夠把睡眠當作是照顧自己的練習。他學會利用一種新的角度去接受與了解自己的身體，並且明白自己需要多一點時間進入休息狀態。他開始在晚上練習帶有關懷力的全身檢視，並在準備就寢時，對自己使用比較關愛的口吻說話。胡安不再強逼自己睡覺，而是打造一個良善且舒適的環境。這些方法幫助他針對睡眠一事建立了一套更健康的習慣，讓就寢時間變成他期待的事，不再感到戒慎恐懼。

日常身體覺察力與行動

要做到自我關懷，其實有很多時候是要找到各種細微的方式練習每日的身體覺察力以及行動。照顧自己的作法不僅只是冥想或去按摩而已，也不能每當需要一點良善和支持的時候就丟下一切跑去運動。我鼓勵大家每天找時間練習自我關懷，不論當下在做什麼都可以。即便只是做出微小的改變，例如使用有關懷力的表情或姿態、發動帶關懷力的感覺，假以時日都能帶來巨大改變。

隨著我們對於自己的身體狀況越來越有意識，也開始對這些體感經驗展現更有關懷力的理解心，我們也隨之變得能夠為生理健康採取最有幫助、最有支持力的行動。比方更規律地運動、睡眠、放鬆或均衡飲食。每個進行過程都能夠用照護與關懷力的行動進行。在本章最後一次練習活動中，我們會將注意力鎖定在一次範例上，讓自己建立一套自我關懷的程序。

試試看

將睡眠程序最佳化

睡眠不足可能會為心情和身體健康帶來各式各樣的負面影響。如果睡眠對你來說很棘手，如果你起床後還是覺得很疲憊，或是沒辦法好好休息一晚，也許你就該把自我關懷的練習帶入睡眠程序之中。以下是幾個建議：

判斷自己究竟需要多少睡眠

每個人需要的睡眠時間都不一樣，有些人需要每晚睡上七小時，有些人需要九小時。年紀、基因、活動強度和環境都可能會影響所需睡眠量。如果你不確定自己到底需要多少睡眠，可以試試看不同的睡眠時數，或者寫睡眠日記，記下就寢／起床時間，以及每天早上起床後感覺休息的程度或疲倦的程度，來協助你判斷自己需要多少睡眠時間。

打造一個適合睡眠的環境

研究睡眠的科學家建議，要能在睡眠中獲得充分休息，最好是選擇涼爽、陰暗的環境。其他可以改善睡眠環境的方式包括使用柔軟、舒適的床包組，讓床變得更友善睡眠，以及在床頭櫃上放置可以放鬆的香氛，比方薰衣草精油。

- 將使用螢幕的時間降至最低，或避免睡前過度太亢奮。
- 早上第一件事就是晒晒陽光，一定要吃早餐。

這兩件事情可以幫助我們替早晨重新定位，訓練我們維持睡眠／起床的循環。

保持規律的睡眠／起床時間，偏差時間盡量維持在一小時內

如果難以入睡，盡量不要勉強自己

如果想要嘗試並「強迫」讓自己睡著，可能會讓自己變得更加清醒。所以不如對自己溫柔一點，試著將注意力放在放鬆上頭，而不是一直想著睡著。可以進行帶有關懷力的全身檢視，或者減緩呼吸速度，並對自己重複放鬆的詞彙，例如「柔軟且溫暖」或「放下」。

本章重點整理

在本章節中，我們嘗試了透過自我關懷的覺察力、了解與行動，將自我關懷帶到身體上。我們一起學會了：

- 怎麼將有意識的專注力帶到身體和生理感受上。
- 面對自己批判身體的方法，如何增加覺察力，以及如何使用自我關懷的口吻和理解的態度做出回應。
- 大腦與身體的連結有多強，以及如何利用身體來支持大腦。
- 在面對棘手的生理經驗時如何以關懷力面對，以及如何用帶有關懷力的動機和理解力去回應身體。
- 如何練習對身體的自我關懷，包含檢視睡眠習慣，這都是照顧自己的方法。

第4章

你的自我關懷計畫

量身打造你的計畫

現在讓我們來量身打造自我關懷計畫，讓你能與情緒和體感經驗合作。以下段落與問題會引導你進行。要建立個人計畫，你需要一本記事本。

我們將一起把這本書第一部分中你覺得最有意義的部分挑選出來，然後制定一個計畫來幫你把那些概念與生活結合。不要忘記，這個計畫的目的是要協助你打造你與你最需要的東西之間的連結，還有為那些需求找出可以長遠維持下去的解決方法。我們先回顧一下你覺得喜歡的部分——以及你覺得比較困難的部分。

經歷、優勢和待成長部分

利用你的記事本，記下以下問題的答案，可以幫助你制定計畫：

我的經歷

- 學習對感受表現自我關懷的體驗如何？
- 學習對我的情緒和身體表現自我關懷的體驗如何？
- 學習對我的感受表現出自我關懷的體驗對我有什麼意義？
- 我從這個部分學到了什麼？

我的優勢和成就

- 進行對感受自我關懷的時候，我擅長什麼？
- 進行對身體自我關懷的時候，我擅長什麼？
- 這幾章的練習後，我達成什麼目標？

我待成長部分

- 哪些部分讓我覺得特別難，或者還有成長空間？
- 在對感受表現關懷力的時候，我注意到哪些困難？

你的自我關懷計畫存在的目的，是要幫助你打造一套對你最有用的新模式和行為。接下來我們就來看看哪些特定的方式和練習可以納入計畫中。

練習紀錄

在記事本裡面列一張清單，記下第一部分中每一章裡的練習內容。如果你喜歡的話，可以用以下建議格式和問題來當作導引的參考。以下為範例。

練習的名稱：	觀察與練習問題： • 這個練習為什麼對你來說有意義？ • 你願意試試看這個練習嗎？ • 你想要把這個練習加入計畫中嗎？ • 還有其他觀察結果嗎？
試試看： 觀察與辨識 你的情緒體驗	• 我能夠暫停下來，讓自己去意識當下的感受。 • 雖然一開始要認同棘手情緒並不容易，但我願意嘗試這項練習。 • 我會按照計畫，每週進行一次練習。

完成紀錄後，把想要放進計畫中的練習打個勾，或是把練習的名稱圈起來。

一邊往目標前進的同時，要創造新的行為模式、解決沿途的障礙，這些正是決心進行自我關懷並採取行動的核心。花點時間把剛剛的答案讀一遍，練習你記錄下來的內容。反思的時候，試試看把重點放在自己會需要的東西上面，好讓你可以繼續走完自我關懷的路。你可能會有以下疑問：

- 對情緒自我關懷的方式應該是什麼模樣？
- 對身體自我關懷的方式應該是什麼模樣？
- 什麼樣的習慣和練習可以讓你安心進行？
- 要關懷自我感受的時候，有哪些東西對你來說很重要？

找到自己的路

現在你已經想過對你有用的練習內容，接下來就可以為每一次練習建立明確目標，或建立自我關懷的重要範圍。先在記事本裡面列出一到兩個你想要加進計畫中的範圍。你可以利用以下問題當作引導，並參考下一頁的範例。

1. 這個重點範圍的確切目的是什麼呢？你想要做什麼或達成什麼目的呢？建立詳細清楚、細節完善的目標。
2. 你要怎麼達成目標？釐清目標，辨別自己要做什麼，並且列出明確的練習和行動。
3. 你哪時候要達成這些目標？列出清楚的時間軸或者時程安排。
4. 將目標大綱列出來（例如：關於自我關懷，我的確切目標是……）。

範例說明・採取自我關懷

以下是完整計畫範例——

我的重點範圍和練習：

- 提高對於感受的認可和接受度。
- 對於棘手與強烈的情緒能表現更多自我關懷。

1. 你的特定目標為何？你想要做什麼或達成什麼目的呢？

- 在感受的認可和接受度上能做得更好。
- 為棘手的情緒建立自我關懷練習。
- 利用新的程序來睡得更好、做更多運動。

2. 你要怎麼達成目標？

- 利用我在第三章之中做過的每天的就寢／起床程序。

- 練習第二章之中的「面對負面情緒時的自我關懷」。
- 練習使用第二章的「認證與接受自己的情緒」的問題表。
- 練習韻律式呼吸歸正法、使用帶有關懷力的表情以及說話口吻。
- 在記事本中寫下目標並達成，以及追蹤練習進度。

3. 你哪時候要達成這些目標？列出清楚的時間軸或者時程安排。
- 本週下午三點後不攝取咖啡因，晚上十一點後關掉手機。
- 每週三次拉長帶狗出去散步的時間。
- 本週至少運用第二章之中的「面對負面情緒時的自我關懷」練習一次。
- 盡可能地多進行幾次韻律式呼吸歸正法。
- 做這些事的同時，練習使用帶有關懷力的表情和說話口吻。

4. 將目標大綱列出來（例如：關於自我關懷，我的確切目標是……）。

- 固定透過第二和第三章的內容，練習認可和接受情緒以及體感經歷。
- 固定練習第二章中的「面對負面情緒時的自我關懷」。
- 利用第三章的內容，建立新的程序，讓自己睡得更好、做更多運動。

開始運用計畫

要開始把計畫變成行動，首先要先辨識可能會出現的阻撓或困難。接著，我們就可以想出對策來解決或避免這些可能會出現的障礙。

提前計畫

開始在記事本中記錄任何可能的阻撓、干擾或障礙。你可以利用以下問題當作引導：

- 牽涉到關懷與感受的時候，可能會出現哪些阻撓？
- 要關懷自己的感受時，會出現哪些負面思緒、感覺和畫面來阻擋你？
- 有沒有什麼特定的情況或事件會干擾你的計畫？

接下來，想一想可能可以用來解決或避免這些潛在問題的策略。你可以利用以下問題引導回答，請將答案記在記事本中：

- 你如何察覺自己遇到阻撓、干擾或是障礙？

- 有沒有辦法可以避免或減少這樣的情況發生？
- 這樣的情況發生時，能夠幫助你有效解決問題的方法是什麼？
- 能不能用自我關懷的方式解決或處理這些情況？

現在你已經辨識可能的挑戰，並且做足了準備，你可以開始計畫下個禮拜或是任何你想要的時間中，你想要進行的自我關懷目標。

做出承諾、提前計畫都會幫你更投入進行自我關懷的練習，並往目標邁進。

做好週計畫

以下是幾個建議，可以讓你規劃接下來的一個禮拜或你指定的日期之中所要進行的個人化計畫與自我關懷練習。

- 選一個你能夠進行練習的時間。可以利用個人行事曆，固定練習的時間、地點也會有幫助。
- 提醒自己要在何時何地進行安排好的練習，比方用鬧鐘，或是手寫便條。
- 建立練習的約定。

• 用日記、日誌或紀錄表來追蹤進度和練習狀況。

• 使用練習日誌可以幫助你監控進度、維持步調，養成新的習慣。不僅如此，寫日記或自我檢討都已經證實能夠助人學習新事物。

追蹤進度

你可以設計一套專屬的策略來追蹤進度。建立練習日記、日誌或在記事本中做紀錄表。你可以用自己的格式，或者照以下範例製作。效益等級（範例中所示）是你認為自己在某個行動或練習中的效益大小所對應的數字。0表示完全沒有效益，而10就是最有效益的狀態。

日期：　　　　　練習時間：

目標	行動或練習	效益等級（0-10）	觀察筆記
1.			
2.			

自我檢視

在這段過程中，時不時自我檢視是一件好事。花點時間看看自己做了什麼事，以及每次嘗試的練習對自己有什麼效果。

進行得如何？

以下的觀察問題可以幫你支持並追蹤練習狀況：

- 有沒有什麼事件特別突出或是對你而言很重要呢？有沒有發生什麼意料外的事？
- 有沒有什麼新的行為讓你想要加入計畫中？
- 如果有，是哪些？
- 有沒有預期外的難處或棘手之處？
- 有沒有什麼事情是你覺得很有幫助，希望日後能夠記得的？

就像學習新的技能或行為的時候一樣，保持熱情、持續進行是很重要的。在過程中能去辨識、強化和獎勵自己的努力會很有幫助。花點時間讚賞自己的努力，給自己一些正面回應或獎勵，這些作法都能增加繼續維持計畫的可能性，也能強化你正在建立的新行為模式。以下是一些正向、有益的方式可以用來在這段過程進行反思，也是在獎賞自己的努力時可以使用的健康管道。

獎勵自己！

進行自我關懷的練習的同時，可以在記事本中建立一張給自己的獎勵、鼓勵和認同清單。挑一些你覺得有意義、能增加動力的獎賞。盡量避免會與目標牴觸的方式（例如在想要改變睡眠習慣的時候用賴床作獎勵）。以下是幾個類別和範例，你可以由此開始：

鼓勵的言辭或作法：

- 買花或訂花給自己。
- 寫鼓勵的紙條／信件，放在家裡各處，或是寫在日曆上。
- 傳送鼓勵與支持的語音訊息／電子郵件給自己。
- 為自己打造良善或愉悅的環境來做自我關懷練習。

娛樂性質的獎勵：

・規劃特別的派對或找個晚上跟朋友出去聚會。

・看一場電影或是在家看想看的節目。

・去看會讓你開心的演唱會、喜劇演出或藝術展覽。

採購或購物獎勵：

・買可以強化自我關懷練習的東西給自己。

・下載或訂閱覺得有興趣的應用程式或內容。

・增加一點採購衣物／外出用餐／其他採購的預算。

旅行、冒險或新體驗獎勵：

・規劃一天或週末旅行。

・去上一堂課。

・嘗試健行或在住家一帶開發新的活動範圍。

給自己這些獎勵和鼓勵，正是採取自我關懷行動的重點，所以不要忘了認同自己的付出與努力，好好獎賞自己喔！

第二部分

關懷自己的思緒

在這一部分你會學到的內容

我們一生中會產生不計其數的思緒，其中有許多十分棘手、不討喜，例如憂慮、後悔或是自我批評。我們無法控制腦海中的每一個念頭，許多想法都是自動出現的，不是我們的選擇。身為人就是如此：擁有會產生各種思緒和畫面的腦袋，不論我們想不想要那些產物都一樣。

然而，我們可以決定自己在面對那些思緒的時候要做出什麼反應，而自我關懷能夠幫我們做到這件事。

將關懷力帶入思緒中、訓練我們在想到自己的時候，使用帶有愛與關懷力的方式，這就是接下來的這幾個章節要鎖定的重點。這裡有兩個目標：學習以帶著自我關懷的理解力去注意思緒、與思緒建立關聯，並且刻意打造自我關懷的思考習慣，這麼一來便能更堅強地迎向人生的跌宕起伏。

第5章 思緒與現實

不要無條件相信自己的所有思緒

思緒的力量有時非常強大。如果我們不多加留意，思緒的模式可能會限制我們怎麼去感受和行動。我們的腦袋在面對各種事件的時候如何去解讀事件，對於當下的我們產生的感受有極大的影響力。把思緒視為當下產生的反射反應很簡單，我們會輕易相信自己對於事物的想法正是那些事物的本質。但要記得，思緒，特別是負面或是自我貶低的念頭，不見得是真的。

在人類演化過程中，大腦首要考量便是如何存活，所以經演化後，大腦對於危險事件會比較留意，對於中性或能帶來愉悅感的事件就不會那麼在意。因此，比起正面經驗，人會比較常注意及記得負面經驗。我們也比較會注意到可能會帶來傷害的事情，包含預測自己會被拒絕。除非能夠訓練自己的腦袋去辨識思緒真實的模樣，而不是只看傳達出來的模樣，否則我們就注定只能活在大腦傳給我們的負面劇本之中。不過好消息是，就算大腦讓我們吃足苦頭，我們其實還是可以訓練自己產生，並特別留意正向、有益的行動。

試試看

你有多相信自己的思緒？

接下來的一個禮拜左右，我們就來練習注意自己的思緒、注意思緒和自身經驗與身邊發生之事件間的連結。

一旦發現自己的感受出現變化，就停下手邊進行的事物（前提是可以安全做到），並將注意力放在呼吸上。注意自己的雙腳踩在地上，以及與這當下產生連結的感覺。然後問自己以下問題。把答案記錄在筆記本中可能會有所幫助。

- 我的反應是對什麼事件產生的？
- 我現在感覺到的是什麼情緒？
- 我的大腦想對我說什麼？
- 我要怎麼統整這些思緒？
- 我對這條思緒的認可程度多高？
- 我對這條思緒的真實度了解程度多高？
- 這條思緒是正向思緒嗎？
- 我想要靠這種想法過生活嗎？

如果把相不相信的決定權交給心裡的評論來作主，那我們到底認可了什麼？面對事件時自動產生的想法有多少幫助、與現實同步的程度多高？如果你練習用正念和自我關懷去注意自己的思緒，很快就會發現就算你是這樣想的，事實也不見得就會一樣。更重要的是，這麼做也不會在做決策的時候讓思緒變得有幫助。

雖然思緒感覺很真實，仍不能當作現實看待。通常，這些思緒就是一種錯覺，會讓我們看不見真實的情況是什麼模樣。誤把腦海中的想法判斷成真實情況，並且誤信為真地做出回應，此乃人類天性，而這麼做往往會導致我們重蹈覆轍，或是將未來事件想像成現在正在發生一樣。我們對事件的理解與想法在這種情況下就會限制體驗過程和行為，有時連自己也沒有發現。這些想法會影響我們看待世界的方式，後果就是讓我們失去親自體會真實當下的機會。

參與當下

每次要選擇做出怎麼樣的行為反應、為生活做出改變的時候，我們擁有的都是當下這一刻。我們無法改變過去，未來又還沒降臨。當下，才是我們可以直接影響行動的時候。然而我們的大腦常常會神遊到過往經驗或思考未來，這種情況可能會讓人產生嚴重的悔意或憂慮，就算沒有，也還是會讓我們無法參與當下這一刻。雖然有難度，但是刻意把注意力放在當下時刻正是培養自我關懷的關鍵。

訓練自己將注意力放在當下，刻意為之，且保持中立態度就是我們說的「正念訓練」。所以說，雖然「正念」聽起來很崇高，還會讓人聯想到打坐的椅墊和薰香，正念的概念其實很單純（雖然通常不簡單）。正念其實只是刻意並重複回到當下這一刻——而我們已經知道，事件發生的當下現場就是我們可以採取關懷力行動的時候。此時此地，是可以施展自我關懷的時候。

正念以及參與當下的練習，這兩者的目標都不是要讓我們時時刻刻都將焦點鎖定在當下，而是要練習在不可避免的分心時，或者是在被吵鬧的思緒弄得壓力很大時，有辦法將專注力拉回當下。因此，練習有兩個重要的部分。首先，透過注意現在發生什麼事的方式來參與當下，其次，遇到思緒亂飄的時候，將注意力拉回當下時刻。

試試看

帶關懷力的正念想法

閉上雙眼，專心深呼吸幾次，或者也可以進行韻律式呼吸歸正法（第二十三頁到第二十五頁）。透過這個方法聚集專注力之後，輕輕將專注力放在思緒上。你注意到什麼思緒？我們常常被心裡的想法和畫面分心，如果你發現自己被某個特定的想法或畫面吸引，就溫柔地把覺察力放回呼吸上。專注進行兩到三次深呼吸，在你感覺到自己回到當下之後，讓自己的注意力回到腦海裡的事物上。

用客觀的眼光去看待腦海中的事物。念頭就是念頭而已，畫面也只是畫面——不多不少。注意到有想法進入腦海中的時候，觀察就好。可以透過給予簡單的標記或描述來協助自己。例如，你可以默想，「那條思緒是回憶，我的大腦在回想過去」，或者「那條思緒是計畫，我的大腦在做規劃」，或者「那條思緒是在解決問題」，或者「是在擔憂」，進行這個步驟的同時，允許思緒在你腦海中出現、消退，也接受這些念頭出現的形式。

盡量想辦法保持好奇心，拉近去觀察這些思緒或感受冒出來的時候、達到最高峰的時候以及最終消失不見的過程。每一條思緒或感受都有開始與結束的時候，都不會持續得又臭又長，也不會永不消逝。讓自己成為思緒流動過程的觀察者。

一旦準備好完成這項練習，下一次吐氣的時候，把覺察力擴大到踩在地面的雙腳上，然後擴大到你坐著的椅子上，感覺你的背挺直、支撐著自己，然後是頭頂。現在，把覺察力擴大到全部範圍。把注意力移轉回呼吸，吸氣的時候，要知道自己正在吸氣，吐氣的時候，要知道自己正在吐氣。準備好以後，張開雙眼，結束練習過程。

思緒跟自己作對的時候

在仔細留意思緒的時候，難免會遇上有挑戰或是棘手的東西。回憶和情緒也會驅動我們的思緒發展流程。比方說，如果之前曾經經歷過失去的事件，每年到了同樣的時節，可能就會讓我們心情不好。壓力和焦慮也可能會引發一些跟自己害怕的結果有關的情緒，或者覺得受到威脅。當然，有時候把專注力放在棘手的事務上是有幫助的，但是我們的思緒通常用極端或是毫無助力的形式呈現，與現實狀況沒有關聯，進而促成了我們的負面感受、採取負面行動。

大腦會透過各種方式玩弄我們、製造出與我們對立的想法。比方說，重點在於關注過去的思緒通常都與悔恨、罪惡感或羞愧感有關。

重點放在未來的思緒則伴隨著恐懼、焦慮和壓力。心理學家將這種不正確的思考模式稱為「認知扭曲」。以下是幾個經典例子：

要不全拿，要不全都不要、非黑即白的思考方式：這類想法常會帶一些很決絕的詞彙，比方「一定要」「必須」「都是」或「絕不」「每次都會這樣」。

注意力偏誤或心理濾鏡：這類想法在事件當下只會辨識某些特定層面。只注意到負面表現，無法注意到正面表現。

個人化：這類想法會將不是某人可以控制的事件責任加諸在那個人身上，或是責怪他。「都是我的錯」。

妄下定論：這類想法會在沒有完備資訊的情況下就對實情加以猜測，比方說假定我們知道什麼事情會發生，或者另一個人在想什麼。「我一定會很丟臉」或者「她覺得我很蠢」。

被情緒帶著走的說服法：這類想法會利用你現下的感覺引導你的理解或認知。「我覺得很焦慮，所以一定是有什麼可怕的事情要發生了。」

試試看

辨識與標記思緒模式

挑一天或一整個禮拜，期間將筆記本隨身攜帶。每次有思緒自動浮現腦海中的時候，都要注意到，並且記錄下來。隨著你的追蹤做得越來越詳盡、越來越有效地處理思緒，你可以開始辨識與標記那些與你作對的思緒。留意不斷重複出現的思緒模式，思考這樣的狀況對你的人生有怎麼樣的影響。你也可以利用這個模板和問題來當作導引。

日期	情境：我的回應對象是什麼？	思緒：我有什麼思緒？	這個思緒對我有助力還是與我作對？

一旦意識到困在無幫助的思考中可能會造成阻力，可能就會認為我們需要甩開「負面」或扭曲的思緒。事實上，我們的確習於閃避、否定或過度控制痛苦的思緒、畫面和感受，但是這麼做對我們通常沒有什麼幫助，而且還會因為增加這類思緒產生的頻率或強度，把自己害得更慘。面對壓抑或控制，我們的思緒往往顯得非常固執，我們越是想要阻斷，這類思緒就會越常出現。大家都聽過別人說要你不要去想某件事吧？而這種時候通常會發生什麼事？試試看：試著不要去想一頭粉紅色的大象。你的腦海裡跳出了什麼畫面？是不是一隻粉紅色的大象呢？

把自我關懷帶入思緒當中，減少自己採用壓抑思緒手段的次數。啟動自我關懷的時候，我們可以退一步，用正念、從良善與理解的立場去關注這些你不想要或是棘手的思緒。要記得，這些思緒雖然磨人，其實都不是現實狀況，只是因為人的大腦就是會產生這些產物——身為人，不是只有你會遇到這種經驗。從這樣的觀點出發，我們就可以接受思緒本質，並且鼓起勇氣去面對。

自我關懷不是要狙擊自己的體驗，或是閃避所有負面事物，因為那是不可能的。實際上，自我關懷的目標是要幫助我們培養技巧與抗力，以更有效率地消化與回應棘手思緒。

真實案例・採取自我關懷

糾正負面的自我談話

蒂安娜事業成功、為人風趣，是個十分有個性的四十歲主管，社交活躍，生活基本上過得十分快樂。就學期間的她是個很受歡迎的人，婚姻美滿，與青春期的孩子們相處融洽，在社群中多有表現，也受到大家喜愛。總括來說，認識她的人都覺得她過著令人稱羨的生活。

雖然看起來快樂又成功，蒂安娜因為苦於自己腦中總是把自己視為一個可恥之人而接受心理諮商。她的內心獨白聲音是個強勢的完美主義者。她的早年家庭生活中充滿嚴格的標準，父母對她要求極高，家裡沒有多少溫暖或是關愛的支持。因此，蒂安娜用盡辦法追求成就，難以消化自我批評的想法和羞恥的經驗。

她告訴我，雖然她過著「很棒的」人生，日子卻總是被腦海中覺得自己毫無價值的念頭啃食，她覺得自己不值得被愛。她越是想要壓抑或避免這些想法，這些想法就變得越強烈，造成嚴重的憂鬱。

蒂安娜的自我關懷之路包含要訓練自己的腦袋。她利用記錄思緒的方式得知如何讓自己與負面思緒保持距離，也利用帶有關懷力的正念來學習如何用中立的覺察力去面對自己的思緒，克服想要壓抑思緒的衝動。她了解到帶著負面偏見和攻擊自己的思考方式會讓她吃更多苦頭。這項正念與思緒的練習引領她投奔能夠自我關懷與真正能感到自由的人生。

你的思緒不是你

深陷思緒之中的時候，特別是大腦想要引導你怎樣看待自己的那些思緒，往往會讓我們變得毫無生產力。比方說，我們可能先學會了怎麼當個「好女孩」，然後發現自己是「書呆子」，接著是「叛逆的青少年」，諸如此類，直到最後我們真的就用這些念頭來定義自己。這也難怪我們會在自我批評的泥沼中陷得那麼深。時間一久，腦海中自動出現的那些思緒和自我描述，就成了我們這個人的定義。我們任憑這些思緒專制地決定我們是什麼樣的人、要做出什麼行動。大腦對於我們自身產生的看法會影響我們的行為舉止，進而對生活的範疇設下限制。

一旦對於大腦對我們的定義深信不疑，特別是那些負面或過度批評的思緒，我們的人生可能就會變得狹隘，進而讓我們感到痛苦。雖說早就知道，也明白這是天性的一部分，可是無效地嘗試去甩開不舒服的思緒，或是用正向思緒去取代那些負面思緒都不是解決的辦法，只有自我關懷才是。透過有關懷力的覺察心，你就能在你和思緒之間找到空間，開始了解你（身為思考者）以及思緒之間的差異。

要取得這樣的距離，作法就是放開對思緒的糾結。利用正念和具備自我關懷的專注力和覺察力，我們就能學到如何避免過度看重那些自我剖析，如何讓自己從早已僵化的自我描述中解脫。接下來就能選擇新的回應方式，把重點放在我們想做的事上，而不是被局限於思緒和定義叫我們做的事。

試試看

你的思緒不是你

使用帶有關懷力的理解來面對思考內容，這個過程中很重要的一部分是要明白你的思緒不是你。思考的人不會是一條思緒。不論你的大腦丟出什麼東西——一條思緒、一張畫面或一段回憶——那都不是你。你是觀察到那些東西的人。觀察者不會是他觀察的對象。

這項練習的設計用意是要幫助你明白這點，並且感受你本人和你的大腦產出的思緒之間的差異。練習中包含建立一些距離，以及觀察你的思緒，並且不要閃避或改變思緒。從思緒中後退一步的理解與體驗，能夠幫助我們從思緒對我們的影響中「解套」。

接下來的一個禮拜左右，練習去注意自己的思緒，利用以下詞語或替代思考方式。如果你想的話，可以把這些感受記錄在筆記本中。

把你的大腦視為一個外在物件，而它會一直產生思緒、畫面、回憶、標記和看法。使用以下建議來增加距離，並且建立新的方式去看待自己的思緒。

我的大腦告訴我（例：我的大腦告訴我我很蠢。）

我觀察到的思緒說（例：我觀察到的思緒說我永遠不夠好。）

我有個想法（例：我有個想法，說我毀了自己的一天。）

關於——的回憶（或畫面）突然出現在我腦海中。（例：關於我跟老闆談話的回憶突然出現在我腦海中。）

——的想法現在就在我腦海中。（例：我永遠找不到伴侶的想法現在就在我腦海中。）

在下一個章節裡，我們要來練習開發新的、有關懷力的思考方式，可以幫助我們回應麻煩或痛苦的思緒和感受，特別是回應自我批評的思緒的方式。你會學到自我關懷的思緒與畫面練習，這些練習會教你一套更有效的處理手段。

本章重點整理

在本章中我們透過自我關懷的覺察力、理解與行動，探索過思緒的本質。也一起學到了：

- 質疑思緒的方式，藉以了解我們不一定要相信所有思緒的道理。
- 用正念思緒專注當下的方法，製造空間給更多帶有關懷力的理解與回應，好用來面對思緒。
- 大腦可能玩弄我們的方法，以及會製造出與我們對立的想法。
- 接受我們的思緒的方法，而不是糾結其中，或是試圖壓抑，那樣做通常只會導致情況惡化。
- 為思緒提供自我關懷的方式，能明白情緒並非就代表我們，並觀察大腦中產生的思緒起伏。

第6章

從思緒泥沼中脫身

在第五章之中，你學會了練習從大腦的活動中稍微抽離，並觀察自己的思緒如何影響感受和行動。我們已知自己遇到危險思緒的時候會覺得那就是真實狀況，那些思緒可能會引發負面情緒和沒有幫助的行動。我可能會擔心自己不夠格領導會議進行，開始想像自己在工作團隊面前愣住的模樣。光是想像他們盯著啞口無言的我看，我就變得非常焦慮。像這樣的想法，實在不太容易讓我散發自信和鎮定。然而，如果面對這種憂慮思緒的時候，我可以學會留意，當一個自我關懷的觀察者，那麼我就比較不會那麼輕易被焦慮「釣上鉤」，也就能讓我得以專注在自己的真實現況以及當下在做的事。

若是陷入腦海思緒、無法將注意力放在現實中，我們的思緒就會控制感受或行動。為了要能從負面思考模式中「脫身」，練習正念、關懷和接受會有幫助。這麼一來，我們就能創造出自己需要的空間，進而選擇自己要踏上的路途，而不是被思緒一味控制。

在其他章節中，你可能已經注意到有時候只要在思緒出現的時候加以密切注意，就能變得對思緒和感受更加敏銳、承受度更高。要脫身，第一步就是要這麼做。從這裡開始，你就能學習到如何以接受和自我認同的方式，更輕鬆地處理思緒。本章中我們會繼續這個學習過程，開發新的、更健康的方式來使用帶有關懷的覺察力與理解力去回應思緒。

你是不是低估了自己？

對我們而言，最棘手、最負面的思緒，通常都與感知威脅有關。感知威脅可能是體感上或是社交上的形式，例如覺得尷尬或羞恥。如我們在第五章中所看到的例子，我們的思緒通常不太準確，特別是在跟感知威脅有關時更是如此。思緒偏差通常傾向往負面的方向發展，大腦的作業方針往往是「防範於未然」，試圖藉此保護自身安全。

餐飲業有句俗諺，意思是比起在你的餐廳吃到美味料理，客人往往會把遇到難吃的經驗宣傳出去。這是因為人會記得、會把注意力放在負面的經驗上，而非正面經驗。

像這樣的負面偏差看法，也很常導致我們低估自己。我們常會太注意自己不喜歡的地方或缺點，而沒有留意自己身上討喜或有價值的地方。比起勝利經驗，我們更常記得自己的失誤和失敗，負面經驗在記憶中往往顯得不可磨滅。

這種負面偏誤可能會對我們的感受和行為造成巨大衝擊。回到剛剛舉的難吃餐點的例子，可以試著回想看看自己吃到什麼東西導致食物中毒或不舒服的經驗。想起來以後，你有沒有注意到自己現在在體感上或情緒上有什麼感覺？雖然那都只是關於過去的想法和回憶，但是到了現在仍會刺激身體或情緒上的反應。像這種困在思緒中的狀況，同樣也會發生在我們面臨強烈自我批評或負面思考的情況下，例如「我好蠢」，或者「我永遠做不好」。如果這樣的思緒出現頻率夠頻繁，就會造成自己長期感到傷心、羞愧，甚至是憂鬱。我們可能會開始因為覺得那些思緒都是真實反應自我而影響行動，進而任憑那些思緒控制感受和行為。

自我關懷就是幫助我們掙脫這種泥沼的絕佳管道。我們可以學會採用更有彈性、更公平和中立的角度看待自己。可以學會了解腦袋通常會看低自己這件事，然後學著調適。在人類身上發生的這種受苦情況不是只有你會遇到，將這點牢牢記下，是自我關懷的過程中非常重要的一個環節。在接下來的練習中，我們會開始將帶有關懷的覺察力運用在你低估自己、對自己產生負面偏見的情況中。

試試看

你都是怎麼樣低估自己的呢？

專心進行幾次深呼吸，或者進行韻律式呼吸歸正法練習（第二十三頁到第二十五頁）。

看看下面這張清單，清單上列出了一般人低估自己、或是用負面態度對待自己時，常見的方式：利用你的筆記本記錄自己認得的例子。

- 我是個冒牌貨。我不值得被愛。我比不上……
- 我不正常、我不完整。
- 我是個壞人。
- 我能力不足、我是個敗筆。
- 我很弱、我很無力。
- 我很蠢。
- 我很懶。

- 我不重要。
- 我很可悲。
- 我很醜。
- 我很自私。
- 我太自我放縱。
- 我毫無價值。

我就是……

接下來，把你閱讀每一條讓你有感觸的自我批判或小看自己的項目時產生的感受或衝動記錄下來：

- 這些思緒給你什麼感覺？
- 你通常都如何回應這些思緒？
- 如果要你用包容、善良和鼓勵來自我衡量，你會做出什麼樣不同的回應？

你值得

每個人都是一出生就有權利擁有愛、良善和在乎。關懷不是我們要去爭取才能得到的東西，關懷是所有人都具備的權利。沒了關懷，我們就成不了一個物種，因為想要存活下去，所有人都要受到照顧才行。享有帶關懷力的包容，是每個人出生便具備的權利，其中也包含自我關懷。這對我們的健康來說，是不可或缺的要件，必須學會去意識到、能理解和關懷自己。在經歷痛苦或掙扎的時候，這點尤為重要。

自我關懷不是要批判或評估，不是特殊情況下才觸發，也不取決於先決條件。其中包含了接受我們本身，包含了解自己就是很複雜、不斷變化且並不完美的模樣。這麼做可以讓我們照顧到自己的每一個部分——我們的強項、失誤、感知缺陷或想要改善的地方。

認同自己應當享有自我關懷和包容，不代表你必須喜歡所有的經歷感受。反而是代表你能夠了解情況，當你失敗或覺得自己那些地方不足的時候，可以用公平、有幫助和有關懷力的方式去回應。所以承受痛苦的人都理當享有關懷力，並從中獲益，這包含你在內。不論如何，你都是本來就應該能享有自我關懷。

試試看

記得自己的價值

身為人類，我們都會經歷自我質疑、犯錯和受苦的過程，每當遇到這些情況，我們都應該要用愛護和有幫助的力量去對待自己。自我關懷讓我們能夠做到這點。用你的筆記本，把你這次練習的答案和經驗記錄下來。

閉上雙眼，先做幾次專注、緩慢、平穩的呼吸，或者開始進行韻律式呼吸歸正法（第二十三頁到第二十五頁）。

回想自己抗拒關懷力，或是覺得自己沒資格被以關懷對待的經驗。也許是當下覺得自己不夠好、產生自我懷疑或羞愧感。舉個例子，你可能會覺得自己沒資格被關懷，或者是你覺得關懷對你「沒有用」。寫下你出現這些念頭的時刻、寫下你自己深信的道理反而成為阻力或不讓你接觸自我關懷的經驗。你可以利用以下問題當作引導：

- 當你抗拒關懷力，或覺得自己沒資格被關懷對待的時候。
- 你的腦海裡出現了什麼思緒？
- 你有什麼情緒？
- 身體有什麼感受？
- 這些念頭讓你想要做什麼？

現在，我們就利用自我關懷的技巧來記住我們都是應當被關懷對待的人。在筆記本中記下你在每一階段的回應：

1. 利用你的正念練習，把帶有自我關懷的覺察力和專注力放到抵抗關懷的經驗中。專注在思緒上，允許自己產生感覺和衝動，但是不要正面迎擊，也不要驅逐那些感受：

- 你願意認同所有的經驗都只是其本質模樣嗎？

2. 與其對抗那股抗拒感，試試看能不能將這個感受過程與「身為人」建立連結。試試看使用下列接受與認可的問題來引導自己：

- 我要怎麼提醒自己我是個人，所有人都會受思緒和感受磨難？
- 有什麼東西可以幫助我記得不是只有我才會遇到這樣的情況？
- 我要怎麼認可與接受這些思緒和感受的模樣？
- 我要怎麼記得自己不是唯一會受這些事物所苦的人？
- 如果我在乎的人經歷這樣的情況，我該怎麼看待他們？

花點時間，找出現在的自己最需要什麼東西才能支持自己、幫助自己。

思考以下問題：

- 這段經歷中，哪一個部分需要被照顧？
- 現在對我來說，最有幫助的是什麼？
- 如果放棄抵擋那股反抗力，會產生什麼後果？
- 如果不順應那股要我抗拒關懷力的聲音，我能獲得什麼？
- 如果我在乎的人經歷類似過程，我會為他們做什麼事？

改變對自己說話的內容

若想要從負面思緒的泥沼中脫身，目標其實不是擺脫思緒。我們前面討論過，想要擺脫思緒的這個念頭，往往會導致更多阻撓、棘手狀況變得更久。比方說，如果我一心一意地希望自己可以不要去想「我是個渾蛋」，很可能會變成鑽牛角尖地去思考自己到底有多渾蛋。除此之外，甚至還有研究顯示想要壓抑那些思緒會造成我更加堅定地相信我就是個渾蛋沒錯！與其是壓抑那些思緒，我可以選擇開發新的、更有效率的方法來回應自我批評的念頭。我可以建立一個新方法來與自己共處。

我們沒辦法把已經學會的東西變成不會，我們會學習新的事物，新的知識會與舊的共存。大腦就是這樣運作的。所以說，與其一心想要「洗掉」舊思緒，我們可以開發一些新的、帶有關懷力的自我談話內容，用來回應負面或有攻擊性的思緒。在這裡，我們會著重於開發你心中自我關懷的內在聲音，這個聲音會讓你能夠帶有善意、理解力和支持態度做出回應，尤其在你陷入困境的時候。

我們會運用在第三章學習過的自我關懷的口吻，這個方法與操控或改變思緒較無關係，重點在於用來回應的方法會讓我們能夠更有效率地處理思緒。這個過程與思緒自動產生的過程有很大的不同，特別是跟那些負面偏見或是著重於威脅上的思緒相比。從下表中我們可以看出這兩種思緒生成的過程的差別：

自動生成的負面偏見思緒

- 一股腦地想著威脅來源，固執不變
- 常將專注力放在過去或未來的事件上
- 自動生成，通常無法受我們控制，不是我們所選擇
- 負面、帶批評意味，無視正面資訊

帶有關懷力的自我談話與回應

- 具有開放且彈性的覺察力與專注力
- 思緒靈活，專注力放在當下體驗
- 動機和成形目的都是為了要有幫助與展現良善
- 中立、公平，吸收所有可用資訊

真實案例・採取自我關懷

自動生成之負面思緒與自我關懷的內心談話

里歐是個很有天分的童星，然而在一次仇恨犯罪事件中被推下樓梯之後，他飽受創傷後壓力症候群所苦。獨自待在走廊上會造成他的焦慮不安，他也很懼怕其他人的任何批評指教，這些都讓他難以再次回到觀眾面前。經歷了這麼多痛苦的經驗後，他開始與我展開諮商治療，我們發現這些其實都不是他想要解決的主要問題根源。對於自己無法面對觀眾，還有心中的焦慮，里歐開始會嚴厲、憤怒地批評自己。在克服有侵略性的創傷回憶之前，里歐選擇先練習自我關懷，注意自己的自我批評，學習用更有善意、支持與關心的方式回應自己。

接下來的練習表就是里歐學習把帶威脅性的內在自我批評與有自我關懷的處理方式做對比的例子。

自動生成的負面偏見思緒	帶有關懷力的自我談話與回應
·「我到底哪裡有問題？我會這麼害怕，就是軟弱又令人反感！」	·「焦慮是生命的一部分，我經歷過很糟的狀況，我要成為自己的好朋友，想辦法讓自己感覺堅強、有所支持。」
·「我再也無法繼續當演員了。我的人生結束了，因為我無法克服問題。」	·「我會這樣，是面對不正常、可怕的罪行所產生的正常反應，不論有多難，我都不會放棄自己。我可以學會在各種感受交織成的風暴中讓自己冷靜。我準備好了。」
·「你如果有能力就不會這麼害怕了。你就是個輸家。」	·「用關懷力面對恐懼是我能做的事之中最勇敢的一件事。我不是孤立無援。這麼做很難，但是我的人生屬於我自己，不屬於我的恐懼。」

試試看

寫一封帶有關懷力的信

在這個練習活動中，你要寫一封信給你自己，信的內容要深深發自關懷、智慧和無條件的接受角度出發。這封信的聲音要能表達你內心的慈愛、力量和本能的智慧。

先把時間空出來，讓自己可以全心全意地進行這項練習，並且找一個能讓你感覺有隱私與安全的空間進行。筆記本可以派上用場。

閉上雙眼，先做幾次專注、緩慢、平穩的呼吸，或者開始進行韻律式呼吸歸正法（第二十三頁到第二十五頁）。

盡可能與那股你會對朋友或所愛之人展現的善良與愛護心建立連結。

如果這封信是要寫給一個你非常在乎的人，你會想要怎麼寫？你會不會說你明白他們正在經歷苦痛和困境？你會不會想要他們知道，不論如何，他們都理當被以關懷的心態對待？你會不會想支持他們做出改變，或是往對他們更好的方向、更重要的事物前進？

現在就把說話的能力讓給那個帶有關懷力的自己，著手寫下這封信吧。你在寫信的時候，想像自己可以聽見那些關懷的文字，被一種溫暖、有自信的口吻說出來。運用緩慢的韻律式呼吸歸正法，感受自己變成一個有智慧、溫暖、勇敢又有關懷力的自己是什麼樣的感覺。這個樣子的你已經完全進入自我關懷的模式，能夠優先去思考怎麼做才能對自己最好。

你現在會把什麼樣的關懷注意力帶入自己的生活中呢？你要怎麼做才能對自己表現出善解人意、認可的一面？你會採取什麼樣的關懷行動來幫助自己改善現階段狀況？

留點時間，讓自己可以用帶有關懷力和在乎的動機，把信讀過一遍。

你可以盡量嘗試，需要的話可以多寫幾封草稿。

你可以改變哪些作法？

現在你學會辨明不正確、負面偏見的思緒，並且找到自己的關懷口吻，我們就可以看看，當你的腦海中又自動出現痛苦、棘手或不恰當的思緒時，可以採取哪些關懷行動。我們會一起找出替代觀點，並且建立新的策略來幫助你好好停留在自我關懷的路上。

試試看

自我關懷的內心談話與自我關懷的回應

你會培養新的方式來讓自己與思緒建立連結。這項練習可以在筆記本上進行，也可以透過對話進行，把話說出來或是在心裡說都可以。

1. **每當你注意到大腦開始自動產生負面偏見或是有威脅性的思緒時，就做個筆記，或者盡可能準確地完成以下描述句，藉此辨識那條思緒以及隨之而來的感覺：**

我的大腦現在出現的思緒是：＿＿＿＿＿＿

這樣的思緒出現時，我就覺得：＿＿＿＿＿＿

2. **透過回答以下問題來識別這條思緒會帶來的後果或助益：**

這條思緒對我而言的幫助或影響效益多大？

任憑這些思緒引導我的後果會是什麼？

3. **使用自己內心的關懷口吻以及對自己喊話來回應這些思緒對你造成的影響，並且藉此為自己提供一些更平衡且更有幫助的回應。使用以**

下問題和提示來引導自己：

我的專注力現在是放在哪裡？

還有哪些可以選擇？

現在對我最有益的選擇是什麼？

現在最有幫助的作法是什麼？

我要怎麼樣使用良善與愛護來處理這條思緒？

本章重點整理

我們在本章中嘗試過把自我關懷引入棘手思緒模式之中，以及練習用自我關懷的覺察力、理解力和行動來對自己説話。也一起學到了：

- 我們可以透過什麼方法發現大腦在看低自己，以及這情況會導致對自己產生過度簡化又不公正的觀點。
- 關於自我關懷的重點不是批判或是評估，也不會隨變數或先決條件偶爾觸發而已。我們跟其他人都一樣，有權享有關懷。
- 培養特定的自我關懷口吻以及自我談話，藉此形成對自己的助力、關切與支持。
- 利用具有關懷力的方式來回應痛苦、棘手或不恰當的思緒。
- 找出能夠為思緒提供替代觀點、與思緒合作的方式，藉此讓思緒協助我們繼續走在自我關懷的路上。

第7章 你的自我關懷計畫

量身打造你的計畫

接下來，我們要繼續打造你的自我關懷計畫。這章的內容會從旁引導你制定出量身打造的計畫，用來學習如何讓關懷力接觸思緒——包含沒有幫助或造成不悅的思緒在內。請準備好筆記本。跟第四章一樣，在本章節中，我們也會檢視你將自我關懷帶入思緒的經驗，並檢視如何將學到的方法運用在追求公正、有關懷力的思緒上。你要再次把特別突出的經驗挑出來，記錄自己用過的方式和練習中，哪些最有幫助。接著，你要制定出一套計畫，用來幫助自己把這套方法導入生活之中。記得，這套計畫的用意是在於幫助你找出自己最需要什麼，並且找到最佳方式，持續不斷、長久維持地去滿足那些需求。

我們先來回顧你喜歡的事物——然後看看會讓你苦惱的東西。

經歷、優勢和待成長部分

來回顧一下你在這個部分學了哪些東西。利用你的筆記本，記下以下問題的答案：

我的經歷

學習對思緒表現自我關懷的這個體驗如何？

這個體驗對我的意義為何？

我從這個部分學到了什麼？

我的優勢和成就

提到自我關懷與我的思緒的時候，我擅長什麼？

這幾章的練習後，我達成什麼目標？

我待成長部分

哪些部分讓我覺得特別難，或者還有成長空間？

提到關懷以及我的思緒的時候，我注意到哪些難處？

你的自我關懷計畫存在的目的，是要幫助你打造一套對你最有用的新模式和關懷行為。接下來我們就來看看，我們之前一起做過的活動中，有哪些特定的方式和練習會讓你想要拿來與你的自我關懷計畫結合。花點時間來回顧一下你學到、試過的東西中，有哪些與關懷和思緒有關係。

自我關懷與你的思緒：特定練習紀錄

在筆記本裡面列一張清單，記下在這一部分中每一章裡的練習內容。如果你喜歡的話，可以用以下建議格式和問題來當作導引的參考。以下為範例。

練習的名稱：	觀察與練習問題： • 這個練習為什麼對你來說有意義？ • 你願意試試看這個練習嗎？ • 你想要把這個練習加入計畫中嗎？ • 還有其他觀察結果嗎？
試試看： 你的思緒不是你	• 我學到可以不要對所有思緒深信不疑。 • 我願意嘗試這項練習，而且練習讓人放鬆。 • 下次再有感覺很真實的思緒席捲而來，我會利用這項練習來處理。

完成紀錄後，把想要放進計畫中的練習打個勾，或是把練習的名稱圈起來。

一邊往目標前進的同時，要創造新的行為模式、解決沿途的障礙，這些正是決心進行自我關懷並採取行動的核心。花點時間把剛剛的答案讀一遍，練習你記錄下來的內容。反思的時候，試著把重點放在自己會需要的東西上面，好讓你可以繼續走完自我關懷的路。你可能會有以下疑問：

對思緒自我關懷的方式應該是什麼模樣？

什麼樣的習慣和練習可以安心進行？

要關懷情緒的時候，什麼東西對你來說很重要？

接下來，你要訂立出明確的目標，讓自己與自我關懷合作，面對思緒。從這個方向思考，挑一到兩個對你最重要的點，將其列在筆記本之中。利用這幾點來建立你的目標和計畫。

找到正途

接下來，我們就來針對每個練習或每一個重點範圍，各自建立一個特定的目標。先從對思緒的自我關懷練習中，列出一到兩個你想包含在你的計畫裡的重點範圍。你可以利用以下問題當作引導，並使用「採取自我關懷」側邊欄的內容做為完整計畫的範例。

1. 你的特定目標為何？你想要做什麼或達成什麼目的呢？建立詳細清楚、細節完善的目標。
2. 你要怎麼達成目標？透過思考你預計做什麼來讓目標更加清楚明確，並將特定練習與要採取的行動列下來。
3. 你哪時候要達成這些目標？建立明確的時間安排或行程。
4. 將目標大綱列出來（例如：關於自我關懷與思緒，我的確切目標是……）。

範例說明・採取自我關懷

本週路徑

以下是對思緒自我關懷的完整計畫範例——

我的重點範圍和練習：

在工作時提高對思緒的注意力與理解力，開始進行自我關懷談話，並且讓思緒更公正、更有關懷角度。

1. 你的特定目標為何？你想要做什麼或達成什麼目的呢？

我想要更留意我在工作時產生的負面、極端思緒，面對思緒模式，希望能發展出更公正、更有關懷力的觀點和回應。

2. 你要怎麼達成目標？

用手機把工作時的負面思緒記錄下來。

練習正念思緒。

對我工作時的負面思緒寫關懷信，放在桌上。

3. 你哪時候要達成這些目標？列出清楚的時間軸或者時程安排。

本週至少一天記錄一次思緒內容。

本週晚上睡覺前，找三天練習正念思考。

本週末寫一封信，每天工作前讀一遍。

4. 將目標大綱列出來

（例如：關於自我關懷與思緒，我的確切目標是……）

提高對工作時出現的極端情緒的覺察力。

強化正念思緒的技巧。

發展更有關懷力的自我談話以及更公正、更有關懷力的觀點和回應來應對思緒模式。

開始運用計畫

跟第四章一樣，在執行計畫之前，首先要先辨識可能會出現的阻撓或困難。接著，我們就可以想出對策來解決或避免這些可能會出現的障礙。

提前計畫

開始在筆記本中記錄任何可能的阻撓、干擾或障礙。你可以利用以下問題當作引導：

- 牽涉到關懷行為與你的思緒的時候，可能會出現哪些阻撓？
- 要關懷自己的思緒時，會出現哪些負面思緒、感覺和畫面來阻擋你？
- 有沒有什麼特定的情況或事件會干擾你的計畫？

接下來，想一想可能可以用來解決或避免這些潛在問題的策略。你可以利用以下問題引導回答，請將答案記在筆記本中：

- 你如何察覺自己遇到阻撓、干擾或是障礙？
- 你要如何避免或是降低類似情況發生？
- 這樣的情況發生時，能夠幫助你有效解決問題的方法是什麼？
- 要怎麼用自我關懷的方式解決或處理這些情況？

現在你已經辨識出可能出現的挑戰，並且做足了準備，可以開始安排下個禮拜或是任何你想要行動的期間的計畫。做出承諾、提前計畫都幫你更投入進行自我關懷的練習，並往目標邁進。花點時間回顧一下在第四章裡，你在啟動計畫的時候怎麼做可以帶來助力，看看這次能不能也用上類似的策略，或者要選擇新的策略。

做好週計畫

以下是幾個小提醒，讓你規劃接下來的一個禮拜或你指定的日期之中所要進行的個人化計畫與自我關懷練習。

選一個你能夠進行練習的時間。可以利用個人行事曆，或是在筆記本中做一張時間表。安排一個固定的時間、地點來練習也會有幫助。

提醒自己要在何時何地進行計畫好的練習，比方用鬧鐘，或是手寫便條。可以把計畫告訴你信任的人、大聲述說自己的動機給自己聽，或者寫下承諾，藉由這些表現來對練習建立投入感。

用日記、日誌或紀錄表來追蹤進度和練習狀況。

使用練習日誌可以幫助你監控進度、維持步調，養成新的習慣。除了這些，寫日記或自我檢討都已經證明能夠幫助人學習新事物。

追蹤進度

你可以設計專屬的策略來追蹤進度。建立練習日記、日誌或在筆記本中做紀錄表。你可以用自己的格式，或者照以下範例製作。效益等級（範例中所示）是你認為自己在某個行動或練習中的效益，所代表的數字。0表示完全沒有效益，而10就是最有效益的狀態。

日期：　　　　　練習時間：

目標	行動或練習	效益等級（0-10）	觀察筆記
1.			
2.			

自我檢視

在這段過程中，時不時自我檢視是一件好事。記得利用「自我關懷之路」的流程圖（詳見第十六頁到第十七頁）來設計、引導你的方針，以及利用你為了自我關懷練習所開發出來、於「開始」的部分中建議的專屬自己的準備步驟。

進行得如何？

以下的觀察問題可以幫你支持並追蹤練習狀況：在筆記本中記下你的答案：

- 有沒有什麼事件特別突出或是對你而言很重要呢？有沒有發生什麼意料外的事？
- 有沒有出現想要加入計畫中的新行為？
- 如果有，是哪些？
- 有沒有預期外的難處或棘手之處？
- 有沒有什麼事情是你覺得很有幫助，希望日後能夠記得的？

就像學習新的技能或行為的時候一樣，保持熱情、持續進行是很重要的。辨識、強化和獎勵自己的努力會很有幫助。花點時間讚賞自己的努力，給自己一些正面回應或獎勵，這些作法都能增加繼續維持計畫的可能性，也能強化你正在建立的新行為模式。執行與檢討自己的自我關懷計畫時，不要忘記認同自己的努力以及獎勵自己！

獎勵自己！

翻翻筆記本，回顧第四章用過的獎勵策略。要記得，找到正向與對你有益的方法來看待自己的進步、找到健康的方式來獎勵自己的努力都很重要。挑一些你覺得有意義、能增加動力的獎賞。這次也一樣，請盡量避免會與目標牴觸的方式（例如在想要改變睡眠習慣的時候用賴床作獎勵）。

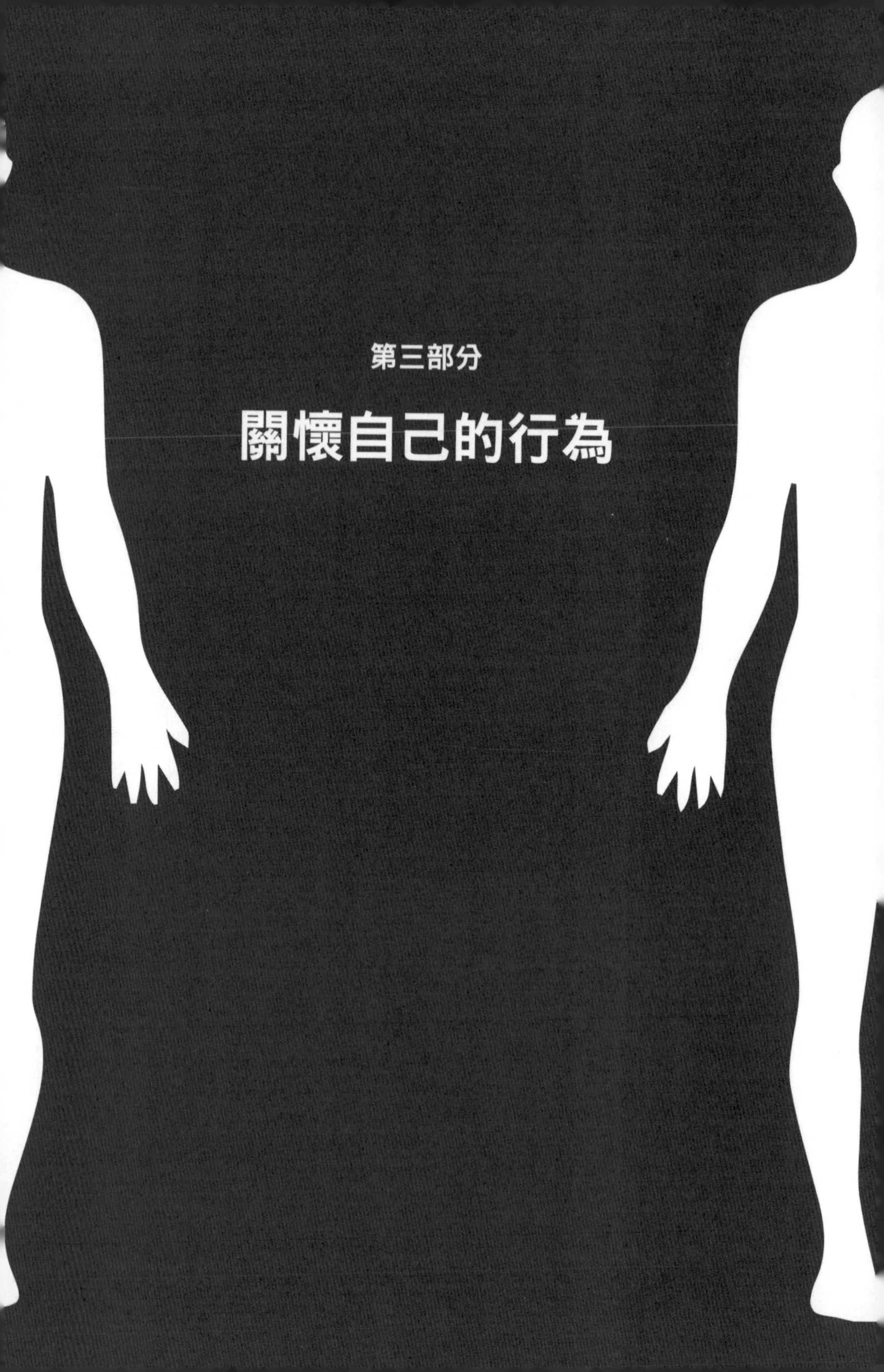

第三部分

關懷自己的行為

在這一部分你會學到的內容

這個部分的重點在於學習如何從內心自我批評的泥沼中掙脫，並採取行動，透過更多自我關懷，讓人生過得更充實，甚至能活得更快樂！改變回應思緒的方式很重要，而改變自己的行動則更加關鍵。我們要先來看看幾個具體的步驟，藉此將自我關懷化為行動，並且能更加理解內心的批評聲音，也理解這個聲音想控制我們的行動的企圖。我們會學習如何用最好的方式回應自我批評，以及重拾選擇的權力，在每個當下都要能朝對我們最重要的方向邁進。

第8章 內心的批評以及你的行動

想像一下你是二十幾歲時的自己，正在公路旅行的途中，也許是要去看最喜歡的樂團演出、去露營，或是要去一座沒去過的城市走走。不論目的為何，你已經踏上了旅途，要堅持到底、保持頭腦清醒。你跟幾個朋友一起出發，大家都在同一輛車上，你是駕駛。其他人前一晚喝了整個晚上的酒，現在全都還在宿醉，腦袋不清楚——你覺得他們搞不好都還沒酒醒。他們全都表現得煩人又難搞，判斷力很差。有時候他們會要你繞路，或是生氣地掉頭放棄。其中一個朋友最近又表現得特別古怪，非常難相處。這個朋友一直抱怨和批評所有人。雖然情況如此，你還是喜歡這群朋友，也不想要把他們丟在路邊。你會怎麼做？你會讓他們來開車嗎？你會不看路、回頭去跟他們爭辯嗎？你會停車或掉頭嗎？你最可能做的回應就是聽他們嘮叨，但是視線還是看著前方的路況。你還是會把注意力放在路上，照顧所有乘客，想辦法繼續前行。你還是可以掌握全局。

採取自我關懷的行動跟這個例子很像。我們下定決心要做某件有意義、有方向的事的時候，腦袋裡會有很多聲音跳出來，想要接管大局、控制我們的行為。假想我們的大腦就像例子裡的那輛車。那趟公路旅行代表的是我們要實現的價值觀，而那位特別惹人煩、宿醉的朋友就是我們內心的自我批評聲音。隨著我們繼續建立更健康的行為模式、試圖讓生活過得更好，內心的那個批評聲音會繼續試圖拖垮我們。我們越是「深陷」批評、自殘的想法中，越可能將生活和行為的掌控權交給非常不健康的模式掌握。透過練習正念、自我關懷與接受，我們就不用將方向盤交給批評的聲音，我們可以決定自己的人生方向。

內心的批評如何影響你的行動

每個人的腦海中都有那個會批評自己的聲音存在。每個人自我批評的形式都不太一樣，而自我批評對每個人的影響也不相同，但是我們都有個批判者在心裡評斷我們做的事、給我們一些（通常是不請自來的）評價。比方說，有些人有那種要當個完美主義者的嘮叨傾向，雖然有點煩人，不過基本上沒什麼傷害性。有些人則長期承受嚴厲的自我批評，導致他們覺得自己一無是處。沒有錯，許多人都經歷過被內心的批評者奪下主控權的時候。這種情況發生時，我們可能會怪罪自己，覺得羞愧又無助，彷彿自己在霸凌自己。

自殘的自我批評通常都是建立在責怪與羞辱的出發點，而且好像還會進化成一種過度保護自我、要控制或避免「壞的行為」產生的策略。我們的祖先為了存活，一定要團體行動，演化心理學家認為人類發展出一種無孔不入的自我批評行為，藉此避免被拋棄或被孤立在危險環境中的可能性。從這個觀點來看，人總是一不小心就觸發自我批評似乎也很合理了。但是在現今生活中，這樣的敏感觸發已經是弊大於利。

自我關懷能夠幫助我們與自我批評建立一個比較好的關係，同時能鼓勵、支持我們達成目標。在這個練習中，我們的目標不是要擺脫內在的自我批評，也不是要讓它消音，這種期待不論在任何情況下都是不可能成真的。我們的目標是要想辦法軟化我們與內在批評者之間的關係、想辦法去了解它，以及在批評者想要控制我們的行為時能與之抗衡，並且利用自我關懷來引導我們做出對我們最有益的舉動。

試試看

觀察你內心的批評與採取行動

先來認識你內心的批評聲音吧。你可以用筆記本把回答記錄下來：

- 首先，你通常會在什麼情況下批評自己？
- 你內心批評的批評者主要都是針對什麼東西，或是特別注意什麼東西？
- 你是不是在某些行為上或是生活中的特定情況會對自己特別嚴格？

- 找出一個你的內心批評者會攻擊的目標（例如：在工作上犯錯的時候）。盡量挑不是太重大或太棘手的目標，這麼一來你可以注意到心裡的自我批評聲音，同時避免陷入其中。
- 你的自我批評者在攻擊這件事的時候，說了什麼內容？那聲音說話時的口吻如何？
- 你的內心批評者鎖定這件事的時候，通常對你有什麼見解？
- 你內心的批評者感覺上是想要做什麼？
- 你內心的批評者對你造成什麼影響？
- 感覺到這些批評的時候，你的身體出現什麼感受？
- 哪些情緒被觸發了？
- 更重要的是，這個批評對你有益還是有害？你內心的批評者讓你覺得想做出什麼反應？相信這次批評的內容會讓你往你人生中設定的目標方向移動嗎？

好，現在讓我們透過關懷力，從這個內心自我批評的聲音中掙脫：

- 你的腦海中出現嚴厲的批評，接受這件事，因為人性本是如此。
- 選擇一個有價值的目標（與自己的價值觀相同）與自我關懷的行動，這兩者要是你現在希望自己能夠採取的行為。
- 朝你選擇的方向採取行動，不論你心裡的批評者說什麼，也不要管心裡出現的焦慮。
- 稍微觀察、辨識你心中的批評者以及其帶來的影響之後，花點時間反思。這對你來說是什麼感覺？從你與內在批評者交手的經驗中，你注意到什麼？

真實案例・採取自我關懷

艾希亞的內在批評者

艾希亞是我的客戶之一，她喜歡去健身房上飛輪課和做重訓。一直以來，運動的時光對她來說就是最快樂的時候。她覺得自己在健身房的時候看起來、感覺上都是最佳狀態，而且覺得自己「心理和外在都變得強壯」。她開始接受諮商的時候，已經超過一年沒有去健身房，因為她深陷憂鬱症之中，會無止境地自我批評。她的內在自我批評者出現的時候，會說她「又肥又懶，毫無價值」，她開始逃避運動。她開始相信出現在別人面前是一件很丟臉的事，而且覺得自己早晚會懶得去運動。當時，艾希亞看起來明顯就是個運動員，身體形態透露出她從小就很有紀律地維持鍛鍊。她內心的批評者貶低了她的付出與努力，因為誤信自己內心批評的聲音所描繪的故事，艾希亞無法活出人生的價值。對艾希亞而言，要向前邁進，必須先問問自己，如果好朋友遇到一樣的狀況，她會怎麼樣幫忙對方。

面對朋友，你會怎麼說？

大多數的人面對在乎的人，都不會用自己常常對自己使用的那種嚴厲口氣說話。同樣的，我們應該也從未想過要阻擋自己的朋友實現目標，反而會想要出手幫忙。接下來的這個練習就是要來看看我們是不是能用更溫和的方法、用對待他人的方法來對待自己。花點時間反思一下，想想自己最想當哪一種朋友。對許多人來說，當一個好朋友就代表要親切、願意支持以及在乎對方。難道在看待與我們自身的關係時，不該用一樣的標準嗎？

試試看

你會怎麼幫助朋友？

回想一下上一個練習中，你選擇的自我批評題目。針對有價值的行動這一點回想一下（就是能為自己推廣自身重視的價值觀的行為，比方說每天進行正念思緒練習），在這些行動之中，有哪些會被你的內心批評者阻撓。現在想像一位跟你很要好的朋友，正受相同的問題苦惱。

花點時間練習韻律式呼吸歸正法（第二十三頁到第二十五頁），回想自己覺得堅強、有關懷力以及有方向的時候，身體有什麼感覺。不要進入深層的冥想，保持雙眼睜開，感受一下在呼吸一進一出的時候，讓關懷力進入自己體內、發散出去時給他人的感覺。想像自己要去幫助這個朋友從內心的批評中脫離，幫助他採取有價值的行動、完成自己的目標。把自己想著這件事的時候，腦海中出現的想法寫下來。

想像自己會怎麼對這位朋友說話，會用哪些鼓勵的詞彙。你會不會伸手放在他的肩膀上，或是給他們一個擁抱？還是會看著他們的雙眼，對他們說一定可以的，並告訴他們該怎麼做？你打算如何激勵這位朋友採取行動？

想像一下自己成為心中最想成為的那種朋友會有什麼感覺，想像自己幫助朋友採取該採取的行動。

完成後，答應自己，要當自己的那個盡心盡力的朋友，把承諾寫下來。

以下是艾希亞的承諾內容，可做為範例使用：

對我來說，運動是一種照顧自己、自我關懷的行為。我保證以後會用照顧我世上最要好的朋友的態度來照顧自己，我這個禮拜至少會去健身房上兩次飛輪課。我在這裡跟自己承諾，且我知道我會實現這個承諾。不論我的腦海裡出現什麼聲音，我都要實現承諾！

利用意象

學習如何採取有關懷力的行動，以及從負面思緒中脫身，正是練習自我關懷的核心任務。

要如何開發出「實際行動」的能力，如何讓自我關懷不再只是一個念頭？我們要如何採取自我關懷的行動，又不淪為整天只忙著「當個有關懷力的人」？如果我想成為一個更好的鋼琴家，我可以每天練琴。但我要如何練習做到自我關懷呢？我要如何練習當一個我最想當的那種人？

要做到這些，其中一個主要的方法就是利用意象。透過關懷意象，可以讓你一步步在外面的世界裡採取帶有關懷力的行動。在禪修的傳統中，這項練習已經被使用了數千年之久。練習的力量很大，透過特定的方式來刺激我們的身心。舉個例子來說，我們都知道在想像的時候，腦袋和身體的反應都可以宛若想像的事物是真實的一樣。所以說，就跟想像最愛吃的食物會讓人飢餓一樣，能夠喚起我們激發關懷力的畫面，就能讓關懷力的思緒甦醒。我們可以藉此創造出特定條件，讓自身更直接去體驗自我關懷。

意象練習是一種技巧，就跟你還在學的其他技巧一樣。有些人覺得簡單，有些人覺得難，但是大家都可以學著使用，而且會越來越上手。我這邊說的意象，並非完美或具體的情境，而是非常彈性地、可以在練習中隨時調整的情境。這需要花點時間慢慢建立。比意象的內容或是清晰的程度更重要的是意圖，是交織在畫面中、畫面代表的關懷力的概念與特質給你的感受。主要的概念就是，若我們創造出某些畫面和動機，就能與自我關懷的體驗建立更穩固的連結。

試試看

想像有關懷力的自我

在開始之前，想像一下理想中的那個有關懷力的自我有什麼意圖和特質。你可以把想法速記在筆記本裡面。你相不相信自己有這些特質並不重要，要去看你希望這個有關懷力的自我具備什麼，以及如果你是這個有關懷力的自我，會是什麼感覺：

- 這個有關懷力的你會具備什麼特質或特性？
- 有什麼樣的智慧？有什麼樣的感受和想法？有什麼強項或能力？
- 你會如何體現這些特質和特性？你的外貌會是什麼樣子？你會表現出什麼樣的形象？你會是老一點的自己，還是年輕一點的自己？還是這個你會跟你現在的年齡一樣？你會穿什麼樣的衣服？你會有怎麼樣的臉部表情？會用什麼樣的聲音口氣？

引導意象說明

讓我們使用韻律式呼吸歸正法（詳見第二十三頁到第二十五頁）開始這個練習。閉上雙眼，把一部分的覺察力放在空氣吸進、呼出身體的流動過程。

讓自己的神情去反映你的關懷力和友善態度。下一個吸氣的時候，想想那個有關懷力的自己的特質和動機，比方善良、同理，以及讓你想要變得有幫助、有支持力的那個動機。慢慢地在腦海中想像那個你心目中有關懷力的自己，那個能將關懷力的特定特質表現出來的人。一邊將這些特性牢記下來，同時讓這個畫面用任何你覺得有意義的方式成形。留意畫面出現的方式。好好看看這個有關懷力、掌握權力的版本的自己帶著權威、勇氣和自信移動的樣子。

下一個吸氣的時候，將體現這個有關懷力的自己時需要的能力一起吸入體內。你現在要變成這個有關懷力的自己。

想像你現在是透過那個有關懷力的自己的雙眼看世界。現在的你是個溫暖、愛護、勇敢又有關懷力的人。感受那種慈愛又充滿力量的特質。

請隨需求來判斷要讓畫面停留多久。讓有關懷力的自己在需要的時候，出面幫助平日的自己。看看有關懷力的自己會怎麼樣與自己並肩前行，幫助你實現自己重視的目標（與你的價值觀有關的目標）。

吐氣的時候，讓自己放開這個畫面，你現在已經明白，只要有需要，隨時都可以去找出那個畫面。等你準備好，就可以完全結束這次的練習了。張開雙眼，將覺察力移回此時此刻。可以將你感覺到的關懷力帶上，跟你一起進入生活之中。

我鼓勵大家固定找時間進行這項練習，效果會越來越顯著。只要能夠經常將有關懷力的自己多加形象化、實際體現，就能更輕易地隨時召喚這樣的自己。要記得，畫面雖然不見得會一直維持固定樣貌，這個有關懷力的自己的動機和感受會越來越熟悉以及持久。

鍛鍊自我關懷

除了意象以外，我們也可以變成一個堅強、良善又展現支持的教練。這麼一來就能給我們自己一些良善、鼓勵的建議，藉此引導自身採取更多對自己有益的行動。一個好的教練可以讓我們表現得更好，這是許多人都有過的經驗，但是大家可能也遇過不好的教練——也許那個人以為充滿攻擊性或是霸凌的行為可以拿來取代有技巧的指導方式。

仔細想想，你心裡的批評者就很像一位過度有侵略性的教練。你內在的批評者沒有舉例示範，也沒有透過鼓勵來打造你的行為舉止，而是認為可以透過把你痛打一頓來讓你表現出最佳狀態。

假想一個孩子第一次打棒球的景象。輪到這個孩子守右外野，第一局就有球朝他飛來。陽光刺眼，孩子接不到球，因此對手得了好幾分。換場時間，他跟隊友走過場邊。現在，想像這孩子遇上兩種不同的教練的情境。

第一個教練可能會說一些類似你腦海中的批評者會說的話——比方，「你到底是怎麼回事？怎麼會漏接球？現在落後四分，都是你的錯！現在換我們打擊，希望你不要再出其他包！」

第二個教練可能會說，「我看見你被陽光照得漏接了球。我知道這是你第一次上場，下次要記得高舉手套來擋住光線，像這樣，你就不會被亮得睜不開眼。比賽結束後我們再來練習看看。現在就別去想了，巨砲，換我們打擊了。我來示範給你看，要怎麼樣抓緊球棒，把目光放在球上面。盡力就好，給他們好看吧，小鬼。」

你覺得這個孩子會比較想為哪一位教練效力？哪一位教練能替這個孩子建立信心？哪一位教練可以看到比較優異的表現？哪一位教練會更有幫助、鼓勵學習？哪一位教練能幫助孩子建立更多正面策略來面對低潮期？

我敢說你的答案一定是第二位。人天生就具備這樣的智慧，能夠辨識什麼東西對自己最有益。遇到棘手情況時，口吻中的情緒和回應方式會透過不同管道對我們產生影響，使人更有動力或是變得消極。可以留意使用關懷力的手段處理過失和失誤的時候，其中所具備的勇氣和自信。我們不會因此就不用負責、無視失誤，而是會直接面對，鼓勵、激勵我們去改善，繼續向前進。

試試看

用有關懷力的自我鍛鍊來建立韌性

堅強的人不等於從不倒下的人，力量和韌性的判斷標準，往往取決於一個人倒下之後採取的行動。學習如何爬起身子、繼續向前進能夠反映出一個人的韌性、力量和勇氣。

在這個練習中，利用你的筆記本來回答以下問題，建立具備自我關懷的鍛鍊風格，還有在自己犯錯或是面對低潮期和失望情境下可以使用的文字。

- 你的內心自我關懷教練會怎麼樣提醒你犯錯只是人性的一部分？他會怎麼提醒你，在這樣的情況下，你並不是孤軍奮戰？
- 你的內心自我關懷教練會怎麼說、怎麼做來幫助你滿足自己對改善或成長的渴望？他會怎麼提醒你，犯錯也是學習的過程？

・他會怎麼傳達鼓勵、支持和良善之意？
・他會怎麼運用正向、現有的特色，或那些你已經做得很好的事？
・他會怎麼幫助你繼續向前進，保持積極投入？

用自我關懷來鍛鍊自己可以幫助我們度過各種時刻，不論好的、壞的、難堪的——基本上就是人生丟給我們的每個過程。等我們學會用關懷力來回應低潮期，不再嚴厲地自我批評，就可以好好體會犯錯的價值——從跌倒中找到正向之處。

選擇使用具有關懷力的方式，代表我們的目標是用開放、坦誠以及公平的評價來看待自己的失誤和低潮。並不代表一定要喜歡這些失誤，或對失誤有好感。自我關懷的行動重點在於堅持、修正，以及引導自己用正念、接受的態度和不磨滅的勇氣去走過人生給我們的挑戰和機會。

本章重點整理

我們在本章中探索了如何使用自我關懷的行為，以及想辦法活出更有自我關懷的人生。你已經練習過如何將自我關懷的覺察力、理解力和承諾投入自己的行動中，將自己從內心對自我行為的批評裡釋放出來。

我們一起學到了：

- 內心的批評會如何影響自己的行動、會讓你踏上什麼樣的方向。
- 如何透過掙脫對我們自身行為產生的負面回應來採取帶關懷力的行動。
- 如何像是對待好朋友一樣，選擇有幫助的行為，養成用關懷力來面對自己和自身的努力。
- 刻意進行意象練習能夠如何幫助我們建立跟自我關懷有關的技巧和處事方式。
- 如何透過有關懷力的矯正方式以及自我鍛鍊來建立面對低潮期的韌性。

第9章 超越內心的批評者

我們都已經知道內心的批評者會阻礙我們，按照自己內心的價值觀來完整地、勇敢地採取行動。幸運的是，我們也已經學到如何透過當自己的那個好朋友、那個有關懷力的好教練來從自我批評的影響中掙脫。

不過有些人可能還是會想知道，為什麼有那麼多人仍持續深陷那種會讓人非常沮喪的嚴厲自我評估之中。要了解到底是什麼東西讓這樣的循環一直持續，我們得先將具有關懷力的智慧、覺察力和關注力帶到問題點上。這個過程可能會讓人有點不舒服。不過，我們還是可以利用自我關懷來更有效地處理這些痛苦的經驗。與其是想要驅趕或是壓抑內心的批評者，我們要深入地去了解批評者存在背後的動機，然後開始控制它。

本章中，我們會評析批評者的功能，弄清楚如何以自我關懷來更有感地滿足自己的需求。換句話說，我們要來跟內心的批評者「交朋友」，想辦法共存，同時採取行動、放下其影響並繼續前進。但這不代表我們要忍受自己內心批評者的虐待，而是要能夠找到空間安放完整的經歷，而非排拒屬於自身的任何部分。我們會找到一個方式調解衝突，即便先發動攻擊的是自我的某部分也一樣。要做到這點，有時需要在面對內心批評者的時候堅持立場，但絕對不需要你變得殘酷或是畏縮。畢竟，各司其職還是很重要的。

自我批評——是好還是壞？

自我評估是一種自我保護，也是大腦本能。發現自身犯下的錯誤、從中學習，對如常運轉的過程來說至關重要，特別是我們想要在生活中投入自我關懷的時候。雖然內心批評者的出發點可能是好的，也跟我們自身的價值觀和目標站在同一陣線，卻常常會導致破壞性的結果，例如增加焦慮感、無助感，或是削弱動力。

對於內心的批評者的運作方式，有許多說法和誤解。比方說，有很多人深信自我批評是唯一能夠讓自己有動力、變得成功，或是當個「好人」的方法。也有人認為可以藉此避免變得懶惰或自私，或藉此讓自己覺得對自己的行為握有掌控權。然而，嚴厲的自我批評可能會帶來各種毫無助益的結果。

試試看

認識自我批評的功能

想像一下，你已經有很長一段時間都要承受自我批評，你已經澈底厭倦了這件事。你真的受夠了這種攻擊自己的把戲，但是心裡的批評者卻不肯停手。內心的批評者持續不斷地碎念，讓人無法專注，還一直對你潑冷水。你發現社交焦慮、羞辱感和長時間情緒低落吞噬了你採取行動的能力，你的人生變得很狹隘。
你就近找了一位諮商師，她說你的自我批評程度之嚴重，只有魔術師才能幫你解脫。這個建議很怪，但是你還是記住了她說的話，找到了一間魔法店舖。坐在櫃台邊的老太太聽你說完前因後果，表示可以幫得上忙，接著拿出一根魔杖，說會用一股能量擊中你，之後你就再也不會自我批評了。就這樣，你要永遠失去內心的自我批評者了。
魔術師在準備念咒的時候，你心裡害怕什麼？如果真的可以永遠不要自我批評，有什麼事情會讓你覺得害怕？將幾個觀察到的觀點寫在筆記本裡。
認真思考一下，如果內心的自我批評完全從腦袋和體內消失，與其相關的思緒和感受會變得如何？你覺得會發生什麼事？你覺得會有什麼後果？考慮這個可能性的時候，你有什麼想法、心情或感覺？想要體驗這樣的經歷的意願有多高？

有很多人可能會擔心內在批評的聲音停止叨念之後，自己會變得懶惰或放縱。而大家通常會發現，一旦將自我批評的強度降低，自己反而會理性思考人為何需要自我批評。也就是說，內在批評的聲音其實只是在善盡職責，想要保護自己。然而如果是從自我關懷的角度來看，就能很明顯地看出來自我批評者運作的方式錯了，它不但沒有帶我們採取更有意義、更有效率的行動，我們的生活反而是被局限，也變得不快樂。

你可能會注意到，真正阻止心裡的批評者引導自身行為的這個念頭，可能會帶來真正的焦慮感。對很多人來說，真的就是這樣。想到要把體內這個避免自己變得不討喜、變成自己不喜歡的那種人的這個部分靜音，其實滿嚇人的。抗拒改變的想法很合理，但是我們也知道，其實多數時候，嚴厲的自我批評其實是在限縮自身採取有意義、有自我關懷的行動的能力。我們的工作是要將自我關懷帶入這個過程中。不是要擺脫批評或是批評背後的動機，而是要與其合作。接下來，我們就來看看你要如何以更有效率的方式來與自我批評者背後的原意合作。將來，等你發現批評聲音開始運作的時候，你要謝謝它認真工作，然後堅定地告訴它，可以先退下了。接下來的練習內容，靈感來自我進行慈悲焦點治療與鍛鍊有關懷力的思緒的經驗。

真實案例・採取自我關懷

艾希亞對抗自己的批評者

還記得第八章裡提過的那位熱愛運動的艾希亞嗎？讓我們來看看她如何辨識自己內在批評者背後的目的，以及她如何學習與其「交朋友」、與內在的批評者對話，同時接管自己的人生決策。

艾希亞的例子

「哈囉，內在批評者。我今天得知，如果能揮揮魔杖就擺脫你，我反而會擔心自己變成懶惰鬼，無法照顧好自己。我們都知道這個想法很荒謬，因為每次你出現的時候，我連走出家門都有困難！所以我想讓你知道，就算你覺得你是在幫忙，其實你的行為是在傷害我。以後你出現、開始貶低我的時候，我會看清楚你的本質。我會謝謝你認真工作，但是我會請你暫時不要繼續攻擊我，因為我要去健身房，我要用我的方式過我的生活。」

這邊可以注意到，艾希亞並沒有嘗試壓制或拒絕自我批評。以關懷力來面對批評，讓艾希亞能夠回應批評，並且表示自己的行動不會再受到批評的箝制。

以善待自己為動力

有鑑於尖銳的自我批評會造成低效率又痛苦的結果，問問自己，內心的批評者有好好照顧你的福利和利益嗎？它能激勵、鼓勵、支持你嗎？它能達到最初的目的嗎？你身陷困境的時候，它能幫助你前進或是掙脫嗎？我們發現，透過自我關懷的理解，幫助我們辨識出內在批評者其實只是想要點出對我們珍視之物的潛在威脅和風險。內在批評者像是不希望我們失去動力、失去珍視之物，但是又經常透過尖銳、無效的手段試圖讓我們「變得更好」。要做到這點，其實有更好的方法，接下來我們就是要這麼做。

懲罰與譴責並非有效的激勵手段，把自我關懷和良善之意導入自我評估之中有效多了。大多數的人都不希望自己變得懶惰或成為自己的絆腳石，但是為了改變自己的行為而對自己過度嚴厲，反而常讓人覺得更沒有動力。羞辱或責怪自己，常導致逃避心態，而自我關懷的手法則能讓我們感覺更受鼓勵，也比較可能為自己的行為負責。

你應該有注意到，內心的自我批評聲音往往都是針對對你而言很重要的事物、攸關你的價值觀的事物斥責你。我這邊說的「價值觀」，指的是你強烈希望自己能夠變成的樣子、是你希望自己的行為舉止能夠遵守的原則。你內心裡的批評者通常會提及對你而言很重要的事物、可能會讓你承受重大損失或痛苦的事物。

許多心理學家指出，人可以在情緒傷痛之中找到自己最珍視的東西。比方說，批評者若是拿不重要的事物來煩你，你大概不會太在乎。如果我內心的批評者拿我是一名糟糕的太空人這件事來煩我，我不會為此失眠，因為我沒打算登陸月球。但是如果我內心的批評者說我是差勁的諮商師，我會很難消化，因為我認為在工作上表現優異、幫助那些來找我的人是非常重要的事。那你呢？你內心的批評者都著重在什麼事物上？你要讓自己不再在乎才能不心煩意亂的是什麼事？你願意或有能力停止在乎那些事嗎？這個問題的答案，往往是否定的，因為內心批評者通常都是針對我們最在乎的事物。要找到與內在批評聲音的會合點，還有一個步驟，就是辨識自己在意的東西是什麼，因為那也就是批評者會在意的目標。

試試看

找到珍視的價值

在這個練習中，你要審視人生的各個部分，找出你內心批評者最常針對的那些價值觀。你可以用筆記本來盤點一下自己最珍視的部分。以下問題可用來當作引導。

人際關係

想想家庭關係與社交關係，以及你希望自己在其中能夠扮演什麼樣的角色：

- 在各種不同的人際關係之中，哪些人、事對你來說最重要？
- 在這些關係中，對你來說哪些特質最重要？
- 面對生命中的其他人，你希望自己怎麼樣表現、怎麼對待他人？

工作與專業生涯

想想你的工作和／或專業生涯，以及在這些領域中你希望自己扮演什麼角色：

- 講到工作，什麼人、什麼事對你來說最重要？
- 你覺得當一個怎麼樣的員工、同事或專業人員對你而言是最重要的？
- 你希望自己在職場上是什麼樣子？
- 在工作上，哪些特質和訴求對你來說是最重要的？

休閒娛樂

想想休閒娛樂的部分，以及你想要在這些情況下扮演什麼角色：

- 講到休閒娛樂，哪些人、哪些事物對你來說最重要？

- 你在休閒娛樂的時候希望自己怎麼表現？
- 對你來說，怎麼做才算是有意義地參與休閒娛樂？
- 在休閒娛樂中，哪些特質和訴求對你來說是最重要的？

健康與保健

想一想在健康方面，你希望自己在這些情況下扮演什麼樣的角色：

- 講到健康與保健，什麼人、哪些事對你來說最重要？
- 對你來說，講到健康與保健，怎麼做才算是有意義地參與？
- 你希望自己在這些領域中是什麼樣子？
- 在健康與保健這個部分，哪些特質和訴求對你來說是最重要的？

你可以利用以下問題當作引導，進而採取更有效的激勵方式和自我評估的手段。下次你注意到內心的批評者又讓你痛苦或覺得很棘手的時候，看看你能不能在批評中找到你看重的事物。比方說，想像一下你的批評聲音現在因為你對孩子態度不好或亂發脾氣而纏著你。這樣的批評會讓你難受，主要是因為你很在乎自己的孩子、很希望自己是個溫暖的好家長。在接下來的部分中，我們要來看看有什麼方法可以透過有自我關懷的覺察力、理解力和行動，進而更有效率地將這些價值觀體現出來。

你想要如何對待自己？

如果特別著重、特別注意在珍視的事物上，有負面偏見的內心批評者可能就會來找碴，導致我們把注意力轉移去想自己缺少了什麼、回想後悔的事物，或去想那幾次沒有根據心中重視的準則行動的回憶。它可能會讓我們回想起自己沒辦法維護最重要的事物時的經驗。人通常都會看沒做到的部分，而不去看做到的。這些經驗就是內在批評者會讓我們感到失去希望、分心的東西，沒辦法讓人期待改變或產生想要成長的動機。

學習如何辨識批評中的價值，藉其消化內心自我批評時，運用自我關懷很有幫助（例：弄清楚為何這件事對你來說很重要，藉此可以找到往那個方向前進的路）。如果你可以不用批評，而是用照顧和良善的態度來對待自己、對待自己追隨心中價值的過程，會是什麼感覺呢？這麼做會如何協助你體現自己在前一個練習中發現的重要價值（詳見「找到珍視的價值」，第一七一頁到一七三頁）？自我關懷的方式會如何提供動力、靈感或有助益的矯正方式？

從自我關懷中培養出一種可以與自身共處的方式，藉此轉向有價值的目標（與自身價值觀有關聯的目標）、照顧自己和鼓勵自己，來與自己、與心中的自我批評者進行更有效率的互動。這樣的作法被稱之為「有關懷力的自我校正法」，用來調整我們的行動、解決自我批評非常有效。此法讓我們可以迎向挑戰、鼓勵自己多加照顧自己，同時調整行為模式，並且更投入地採取捍衛價值觀的行動。

試試看

鼓勵有價值的行動

接下來的練習中，目的是要幫助你辨識出平時你利用自我批評的內容評估自我、刺激自己的動力或矯正行為的過程，進而找到新的、更有關懷力的方式引導自己採取行動，往心裡認為正確的方向前進。首先，花一點時間回顧一下你如何使用自我批評來當作刺激自己的動力、評估自身表現或矯正行為的方式：

在前面做過的練習中，生活中你重視的部分（詳見「找到珍視的價值」，第一七二頁到一七三頁），有哪些曾出現過自我批評的聲音？自我批評者讓你付出了什麼樣的代價、受了哪些苦，或是產生什麼樣的負面結果（例：強化逃避感、抽離感、降低動力、焦慮感、壓力或無助感）？

接下來，使用以下問題來建立你專屬的關懷力矯正方法，或者是面對自己的行為可以使用的自我關懷：

- 你能夠透過什麼方式提醒自己不要忘記自己的價值觀、想要進步的心態，以及對成功的渴望？
- 你能夠透過什麼方式鼓勵自己累積正念，並且提醒自己有怎麼樣的能力？
- 你能夠說什麼來幫助自己往現階段對自己來說可能、可用的方向看？
- 你能夠說什麼來讓自己明白現階段處於低潮期的事實？
- 你能夠怎麼樣提醒自己將專注力放在行為舉止上？
- 什麼樣的言語或口氣可以用來對自己說話，不會帶有批判感，且散發溫暖、權威和／或鼓勵的意味？

接下來，只要你發現內心批評者開始羞辱、責怪和懲罰你的時候，特別留意。想想這種作法曾經帶來的痛苦或代價，透過使用下列針對行為舉止的聲明和守則，用具備良善與關懷力的矯正方法來對待自己。

你的批評者／你自己

就跟其他思緒和感受一樣，內心的批評者不能代表你這個人，也不應該用來定義你，或決定你要怎麼做。你雖然沒辦法選擇內心批評者或是這個形象會引發的思緒和感受，但你可以選擇要怎麼回應。你可以用親善、有效且愛護的方式，為自己的行為負責。明白這點後，你可以選擇要怎麼引導自己的人生。你可以選擇對自己的行為表現出感恩和在乎的態度，特別是對那些忠於自身原則、反映出自己認為人生在世應該要展現的行為舉止。

要引導有關懷力的自我去面對內心批評聲音，站在中立、有權威的立足點出手會很有幫助。我們的自我關懷智慧可以幫助自己在自我批評者的真實本質、動機和功能上，取得平衡的觀點。為內心批評者帶來的那些痛苦和折磨導入帶有關懷力的感恩心態，並期望自己心裡那個愛批評的部分能夠平靜下來，可能是復元的開端。然而，這麼做的目的並不是要寬恕內在批評聲音的那股破壞力，而是要運用果斷智慧，幫助我們為自己挺身而出、更有效地自我治療。接下來的意象練習是一個機會，讓你可以練習用自我關懷處理內心批評的聲音。

試試看

用關懷力面對批評

要開始這項練習，首先要閉上雙眼，做幾次專注、緩慢、平穩的呼吸，或者開始進行韻律式呼吸歸正法（第二十三頁到第二十五頁）。準備好了以後，讓自己的臉部表情反映出關懷力和友善的態度。下一個吸氣的時候，想想那個有關懷力的自己的特質和動機，比方善良、智慧，以及那個讓你想要變得有幫助、展現支持力的動機。慢慢地在腦海中想像那個你心目中有關懷力的自己，那個能將關懷力的特定特質表現出來的人。一邊將這些特性牢記下來，同時讓這個畫面用任何你覺得有意義的方式成形。

下一個吸氣的時候，你就變成這個有關懷力的自己。與覺察力和動機接軌，感受一下變成有關懷力的自己的感覺。使用有關懷力的自己的姿態、神情和意識。體現這個意象的時候，彷彿你現在看世界的雙眼，就是有關懷力的自己的雙眼，充滿那樣的溫暖、智慧、權威和良善。

與這個意象建立連結之後，想像內在批評者出現在你面前。它看起來、聽起來如何？它在幹嘛？它表現出來的是什麼形象？臉上有什麼表情？口氣聽起來如何？

好，試著將正念的覺察力和注意力放到這個意象上，看見這個意象，注意它的動態和情緒，然後聽聽它說的話。只要去注意、留心它就好。

接下來，使用帶有關懷力的理解和智慧。內心的批評者想做什麼？它的動機是什麼？驅動它的是什麼感覺或恐懼？試著進入關懷力的感恩態度或同理心之中，看看你心中批評者存在的原因為何，看看它嘗試以偏差的方法來激勵你或改變你的行為。

如果你開始覺得受到威脅或不知所措，就將有關懷力的權威和力量引入這個互動之中。改變自己的姿態，或想像自己拉開與內心批評者之間的距離，讓那個有關懷力的自己去體現權威和力量。有關懷力的自己會比你內心的批評者還要壯大、更有力量。試著保持回歸中軸的狀態，開始韻律式呼吸歸正法。

接下來，將你堅定的關懷力意圖和行動加入互動之中。有關懷力的自己會怎麼回應內心的批評者呢？這個版本的自己會怎麼對它說話？它會說什麼？有關懷力的自己會想要怎麼做？要怎麼用有智慧、關懷又有權威的方式與這個批評者互動？你要如何為這個批評者和其動機找一個空間停留，同時避免寬容它那些在你身上無用的行為？

準備好以後，想辦法肯定進行了這場意象練習的自己。然後，下一次吸氣時，將正念專注力帶到呼吸上。吐氣的時候，將腦海中的意象完全放掉。讓自己張開雙眼，覺察力回到當下。

本章重點整理

在本章節中，我們持續摸索內在批評者，並且利用自我關懷的覺察力、理解和行動，努力打造了一個更有關懷力的方法來解決行為舉止方面的狀況。我們一起學到了：

- 內在批評者的本質和功能如何影響我們的動力和行為。
- 我們的價值觀和內在批評者之間的關係。
- 透過檢視自己珍視的價值觀，找到方法對自己良善、照顧自己和自身重視的行動。
- 針對我們採取的行動、在我們面對自我批評者時，能夠更有效回應的方法。

第10章 你的自我關懷計畫

量身打造你的計畫

接下來，我們要繼續打造你的自我關懷計畫。這章的內容會從旁引導你制定出量身打造的計畫，讓你可以以更多關懷力來配合行動與對行動的重要回應。請準備好筆記本。接下來要做的事情跟前面一樣，我們要來看看你練習自我關懷的經驗，這次要將注意力放在行動或行為，以及自我評估上。你要再次把特別突出的經驗挑出來，記錄自己用過的方式和練習中，哪些最有幫助。接著，你要制定出一套計畫，用來幫助自己把這套方法導入生活之中。不要忘記，這個計畫的目的是要協助你與你最需要的東西聯繫起來，還有為那些需求找出可以長遠維持下去的解決方法。

我們先來回顧你喜歡的事物——然後看看會讓你苦惱的東西。

經歷、優勢和待成長部分

來回顧一下你在這個部分學了哪些東西。利用你的筆記本，記下以下問題的答案：

我的經歷

- 學習對行為表現自我關懷的這個體驗如何？
- 我面對內心批評者的經驗如何？
- 這個體驗對我的意義為何？
- 我從這個部分學到了什麼？

我的優勢和成就

- 對自己的行為表現自我關懷的時候，我擅長什麼？
- 這幾章的練習後，我達成什麼目標？

我待成長部分

- 哪些部分讓我覺得特別難，或者還有成長空間？
- 提到關懷以及自我批評的時候，我注意到哪些難處？

你的自我關懷計畫存在的目的，是要幫助你打造一套對你最有用的新模式和關懷行為。現在我們就來看看，我們之前一起做過的活動中，有哪些特定的方式和練習會讓你想要加入你的自我關懷計畫之中。花點時間來回顧一下，到目前為止，在把關懷力帶入行為和內心批評聲音中的這個部分，你做過哪些練習、學了哪些東西。

特定練習紀錄

在記事本裡面列一張清單，記下這個部分中每一章裡的練習內容。如果你喜歡的話，可以用以下建議格式和問題來當作導引的參考。以下為範例。

練習的名稱：	觀察與練習問題： • 這個練習為什麼對你來說有意義？ • 你願意試試看這個練習嗎？ • 你想要把這個練習加入計畫中嗎？ • 還有其他觀察結果嗎？
試試看： 用有關懷力的自我鍛鍊來建立韌性	• 我找到了動力再次嘗試某件事，這件事本來我做得不好。 • 這個練習對我來說很難，因為只要一看見本來失敗的模樣就覺得很羞恥，但是我還是願意嘗試。 • 覺得被擊敗、感到羞恥，或注意到我在責怪自己的時候，我會做這個練習。

完成紀錄後，把想要放進計畫中的練習打個勾，或是把練習的名稱圈起來。

一邊往目標前進的同時，要創造新的行為模式、解決沿途的障礙，這些正是決心進行自我關懷並採取行動的核心。花點時間把剛剛的答案讀一遍，練習你記錄下來的內容。反思的時候，試著把重點放在自己會需要的東西上面，好讓你可以繼續走完自我關懷的路。你可能會有以下疑問：

- 對行為自我關懷的方式應該是什麼模樣？
- 什麼樣的習慣和練習可以安心進行？
- 要關懷行為的時候，什麼東西對你來說很重要？

接下來，你要訂立出明確的目標，對自身行為表現自我關懷選擇一到兩個對你來說最重要的點，列在筆記本中。利用這幾點來建立你的目標和計畫。

找到正途

接下來，我們就來針對每個練習或每一個重點範圍，各自建立一個特定的目標。先從對行動與內心批評的自我關懷練習中，列出一到兩個你想包含在你的計畫裡的重點範圍。

你可以利用以下問題當作引導，並使用「採取自我關懷」的內容做為完整計畫的範例。

1. 這個重點範圍的確切目的是什麼呢？你想要做什麼或達成什麼目的呢？建立詳細清楚、細節完善的目標。
2. 你要怎麼達成目標？透過思考你預計做什麼來讓目標更加清楚明確，並將特定練習與要採取的行動列下來。
3. 你哪時候要達成這些目標？列出清楚的時間軸或者時程安排。
4. 將目標大綱列出來（例如：關於對行為的自我關懷以及與內心批評者合作方面，我的確切目標是……）。

實際範例・採取自我關懷

本週路徑

以下是完整計畫範例——

我的重點範圍和練習：

對我的行為多採取帶關懷力的行動以及自我鍛鍊的方式。在健康和工作方面，多採取從價值觀出發的行動。

1. 你的特定目標為何？你想要做什麼或達成什麼目的呢？

・用關懷力鍛鍊法來鍛鍊與健康價值觀和工作價值觀有關聯的行動。

・開始多加注意我開始自我批評時有多沒有效率。

2. 你要怎麼達成目標？

・在健康與工作表現方面，練習使用帶有關懷力的自我意象和帶有關懷力的鍛鍊方式，讓自己往心中價值觀方向移動。

3. 你哪時候要達成這些目標？列出清楚的時間軸或者時程安排。

- 一週至少練習兩次自我關懷的意象，並利用我的自我關懷鍛鍊方式與激勵方式來幫助我把回應轉移到與健康有關的行為上。
- 這禮拜每天早上都要吃早餐。
- 記錄並且讚許自己工作上的成就。

4. 將目標大綱列出來（例如：關於對行為的自我關懷方面，我的確切目標是……）。

利用有關懷力的意象和矯正方式，往自己對健康和工作／專業生活的價值觀移動，方法是專心採取符合價值觀的行動，例如好好吃早餐、更頻繁地認同自己在工作上的行為。

開始運用計畫

要開始把計畫變成行動，首先要先辨識可能會出現的阻撓或困難。接著，我們就可以想出對策來解決或避免這些可能會出現的障礙。

提前計畫

開始在筆記本中記錄任何可能的阻撓、干擾或障礙。你可以利用以下問題當作引導：

- 牽涉到關懷行為和自身行為與自我批評的時候，可能會出現哪些阻撓？
- 要關懷自己的行為時，會出現哪些負面思緒、感覺和畫面來阻擋你？
- 有沒有什麼特定的情況或事件會干擾你的計畫？

接下來，想一想可能可以用來解決或避免這些潛在問題的策略。你可以利用以下問題引導回答，請將答案記在筆記本中：

- 你如何察覺自己遇到阻撓、干擾或是障礙？
- 你要如何避免或是降低類似情況發生？
- 這樣的情況發生時，能夠幫助你有效解決問題的方法是什麼？
- 要怎麼用自我關懷的方式解決或處理這些情況？

現在你已經辨識出可能出現的挑戰，並且做足了準備，可以開始安排下個禮拜或是任何你想要行動的期間的計畫。做出承諾、提前計畫都幫你更投入進行自我關懷的練習，並往目標邁進。花點時間回顧一下在第四章裡，你在啟動計畫的時候怎麼做可以帶來助力，看看這次能不能也用上類似的策略，或者要選擇新的策略。

做好週計畫

以下是幾個建議，可以讓你規劃接下來的一個禮拜或你指定的日期之中所要進行的個人化計畫與自我關懷練習。

- 選一個你能夠進行練習的時間。可以利用個人行事曆，或是在筆記本中做一張時間表。安排一個固定的時間、地點來練習也會有幫助。
- 提醒自己要在何時何地進行計畫好的練習，比方用鬧鐘，或是手寫便條。
- 建立進行練習的約定。
- 用日記、日誌或紀錄表來追蹤進度和練習狀況。

使用練習日誌可以幫助你監控進度、維持步調，養成新的習慣。除了這些，寫日記或自我檢討都已經證明能夠幫助人學習新事物。

追蹤進度

你可以設計專屬的策略來追蹤進度。建立練習日記、日誌或在筆記本中做紀錄表。你可以用自己的格式，或者照以下範例製作。效益等級（範例中所示）是你認為自己在某個行動或練習中的效益，所代表的數字。0表示完全沒有效益，而10就是最有效益的狀態。

日期：　　　　　練習時間：

目標	行動或練習	效益等級（0-10）	觀察筆記
1.			
2.			

自我檢視

在這段過程中，時不時自我檢視是一件好事。記得利用「自我關懷之路」的流程圖（詳見第十六頁到第十七頁）來設計、引導你的方針，以及利用你為了自我關懷練習所開發出來、於第一部分中的第一章「開始」中建議的專屬自己的準備步驟。

進行得如何？

以下的觀察問題可以幫你支持並追蹤練習狀況：

- 有沒有什麼事件特別突出或是對你而言很重要呢？有沒有發生什麼意料外的事？
- 有沒有什麼新的行為讓你想要加入計畫中？
- 如果有，是哪些？
- 有沒有預期外的難處或棘手之處？
- 有沒有什麼事情是你覺得很有幫助，希望日後能夠記得的？

獎勵自己！

翻翻筆記本，回顧第四章和第七章用過的獎勵策略。要記得，找到正向與對你有益的方法來看待自己的進步、找到健康的方式來獎勵自己的努力都很重要。挑一些你覺得有意義、能增加動力的獎賞。這次也一樣，請盡量避免會與目標牴觸的方式（例如在想要改變睡眠習慣的時候用賴床作獎勵）。

第四部分

有關懷力的人生

在這一部分你會學到的內容

在這最終章裡，我們要來看看自我關懷與對他人關懷之間的關聯性。練習自我關懷有許多好處，其中之一是你會更常對其他人展現關心和關懷的態度。練習自我關懷可以為我們的人際關係帶來更強烈的連結感，並表現得更有心、更多支持和良善行為。培養自我關懷的時候，我們通常也會對他人較寬容，在人際關係中擔起較大責任，並且與自己過去曾傷害過的人和好。練習關懷力、對他人產生關心與在乎心態的人都曾表示在自己的身心健康看見許多正面影響。讓我們來學學如何促進這些好處產生，同時也來看一下眼前的路是什麼模樣。我會提供你一些建議和計畫，讓你繼續以對你有個人意義、有幫助的方式發展自我關懷。我們也要來回顧一下如何解決潛在的挫折、關切自身需求與價值，並把你在這裡做過的練習都變成日常生活中的習慣。

第11章 練習關懷他人

就跟自我關懷一樣，關懷他人需要為痛苦打開專注力和覺察力，只不過在這裡，我們要消化的是他人的痛苦。我們的目標是要將有關懷力的理解導入其他人的困境之中，並且盡可能去預防或減輕痛苦。這個道理聽起來很簡單，但是練習真正的關懷力還是有點挑戰性的。對他人關懷代表要接觸他人承受的棘手──有時甚至是痛苦──情境。我們也必須非常清楚自己在面對他們的痛苦時產生的反應。

看見其他人受苦，尤其如果是我們親近的人，我們也會感到痛苦。因此可能導致我們想要逃避痛苦或是將其驅散，然而這麼做，對我們或對他人都不一定是最好的作法。你有沒有過這種經驗，在訴說棘手或痛苦的經歷時，對方的反應只想大事化小、放置不管，或在你話都還沒講完的時候就嘗試「解決你的問題」？如果有的話，你不孤單。這樣的作法通常是企圖將自己和他人的不舒服、痛苦「消失」。然而，這麼做並沒有使用關懷力，也可以從中看出為何關懷力需要的不只是覺察力和同理心。我們要學會與痛苦合作，不是把痛苦驅逐。這代表我們也要有能力用帶有關懷力的理解和有關懷力的行動去與他人互動。

要維護對他人的關懷力，一定要先培養出勇氣，讓我們可以在面對棘手情緒，例如罪惡感和痛苦的時候也能面對當下而不逃避。就好像為了孩子好，有時也要拒絕他們，即便會讓他們很不開心也一樣。雖然會很難，但是為了孩子好，是必要之舉。

試試看

記得關懷他人

在這個練習中，我們要利用意象和記憶來與關懷他人的經驗建立連結。你可以利用這個方式來冥想，或者當作筆記本的日記活動。你可以利用以下問題當作引導：

- 回想你之前關懷其他人的回憶——可能是那個人身陷泥沼，也可能是需要某種幫助。盡可能地回想起所有細節。
- 這件事情是哪時候在哪裡發生的？
- 當時發生了什麼事？
- 你在那個人身上發現了什麼事？
- 你從自己給他們的回應中注意到什麼事？
- 對這個人展現關懷力讓你有什麼感覺？
- 就生理上來說，你有什麼感覺？

- 你希望他們如何呢？
- 你如何展現關懷，或是採取了什麼行動來對這個人表達關懷？
- 你當時用的是怎麼樣的語氣、表情或姿態？
- 你的言語或行動是否提供了幫助和關心？你說了或做了什麼？
- 花點時間在這段回憶中停留。
- 找出這種對他人關懷的感覺並且重新體驗一次。
- 看看自己能不能單純與這種慈愛的感覺共處。
- 準備好之後，就可以放掉這段回憶。

透過留意關懷力流向他人的這種感覺，我們可以在這個當下，從身心來啟動自己使用關懷力的經驗。從前面的練習中，你應該已經發現自己對他人關懷的經驗可以改變你的思緒狀態和專注力，甚至還能讓你準備好用更多勇氣和更加投入的態度來採取關懷力行動。

真實案例・採取自我關懷

寬恕他人、與其建立連結

泰倫斯認為小時候家裡充滿了愛與支持。然而泰倫斯的父親因心臟病去世後，母親變得非常憂鬱，開始酗酒。他的姊妹常常吵架，某次兩人為了去世的父親留下來的車子大吵一架之後就搬了出去，自此再也沒跟彼此說過話。泰倫斯覺得自己被拋下了，被「留下來收拾殘局」，還有照顧已經變得總是憤憤不平、有虐待傾向的母親。長大後的泰倫斯變得難以接受或付出關懷力。他覺得展現關懷力會讓其他人不用為自己犯的錯或惡劣行徑負責任，造成那些人「永遠學不到教訓」。他也覺得關懷力會讓他顯得軟弱，也更有可能被占便宜或是破壞他的信任。

在諮商過程，泰倫斯了解到自己夠強大，能夠保護自己與他人、能提出自己的需求，並且在人際關係中建立界線，同時對自己與他人的苦痛仍有敏鋭的感受力。他一開始先練習將關懷力延伸出去，傳遞慈愛的態度給最容易找到的對象，比方說自己的小姪子、姪女、最好的朋友和一些陌生人。他練習寬恕他人，並承諾自己要用自己覺得對的方法，體現心中認為身為朋友和家人應該要展現的價值，讓自己用帶有關懷力的方式，更加覺察自身和他人。付出並接受關懷力讓泰倫斯加深與自己在乎的人之間的關係，並且放開了長久以來無法忘懷的傷痛。

對家人展現關懷力

用關懷力對待家人並非一件容易的事。我們與他們之間有太多過去，甚至還有些舊的心結沒有解開。要關懷家人，要先做到對他們、對自己都保持真誠、細心與敏銳。除此之外，還要願意接受他人的關懷力，這代表可能會體驗到欣賞的態度、感念和寬恕。

每一個家庭都不一樣。要怎麼將關懷力帶入自己的家庭關係之中，取決於許多要素，首要考量的就是你的個人價值觀，以及你希望在家庭關係中的自己扮演什麼樣的角色。在接下來的練習裡，我們要來看看提及家庭的時候，什麼東西對你來說最重要，也要培養一些建立在價值觀上的關懷力意圖和行動。

試試看

你的家庭價值觀和承諾

在這個練習中，利用筆記本來辨別、記錄你心中與家庭有關的價值觀，以及有關懷力的行動承諾。利用以下問題做為引導：

- 家庭對你來說是什麼？
- 你在家庭中扮演的是什麼角色（家長、伴侶、手足、孩子）？
- 你扮演的角色中，哪一種家庭成員是你覺得很重要的（例：哪一種家長、手足、表堂親等等）？
- 你體現這些價值觀的時候，看起來如何？
- 在這些關係之中採取有關懷力的行動在你眼中看來如何？
- 你的家庭成員中有人在受苦的時候，你選擇用什麼方式支持他們？
- 在照顧需要幫助或陷入泥沼的家人的時候，你怎麼照顧自己？
- 舉例一件最近你從自己的價值觀出發、採取行動的小事。

家庭關係順利的時候，你可能會更能夠表現出關懷力，或是接納他人給你的關懷力。然而，如果關係中有痛苦或折磨，關懷的立場就會比較棘手。要決定關懷的立場該怎麼設定，以及在不同的關係中展現關懷力的方式，我們得先看看你的家庭關係的幾個特定層面，以及你會有的幾個不同的回應方式。這代表要來審視曾經經歷過的事件，看看什麼東西會讓你痛、疼痛的位置在哪裡，以及哪些地方需要關懷力。

試試看

辨識存在於人際關係中的痛苦

講到情緒的體驗，每個人都很複雜。我們在第二章裡已經了解過，人通常都會同時擁有很多種情緒。要釐清這些感覺並不容易，但能做到這點，便可以幫助我們找到最好用又有關懷力的方法來回應人際關係中的痛。

在這個練習中，你要找出一段近期與自己所愛之人發生的爭執或口角的回憶。挑一段不會讓你太過痛苦的回憶，好讓自己可以完成練習，又不會難以承受。用筆記本記下答案和提示。

首先，先想起那次吵架或口角的回憶。回想細節，用正念技巧讓自己單純只是觀察這段回憶的內容。

接下來，看看能不能將注意力放在不同的情緒上：

- 你感到生氣嗎？腦海中出現了怎麼樣的憤怒思緒和感覺？
- 你感到焦慮嗎？腦海中出現了怎麼樣的焦慮思緒和感覺？
- 你感到難過嗎？腦海中出現了怎麼樣的難過思緒和感覺？

最後，把有關懷力的自我帶入腦海中。想閉上雙眼的話可以閉上。你可以開始使用韻律式呼吸歸正法（詳見第二十三頁到第二十五頁），將手放在心口的位置，或是做其他有自我關懷效果的動作。回想那個有關懷力的自己的感覺和特質。一旦你與那個良善、堅強、會照顧你與在乎之人的自己建立了連結，就把這個你與那段回憶銜接：

- 在這場爭執中，有關懷力的自己會著重哪些點並加以思考？
- 他會要你說什麼話、做什麼事？
- 這個有關懷力的自己想要怎麼樣回應你、怎麼樣回應在這場爭執中的對方？

要決定自己在人際關係中怎麼樣表現關懷力也取決於苦痛的類型和來源。比方說，這個家庭成員可能因為最近失戀或是失業而痛苦。那麼你可能可以直接表示知道他們的困境，支持並照顧他們，如果可以的話，想辦法安慰他們。另一種受苦的狀況，可能這個苦痛是你造成的，不論是不是刻意為之。這種情況下的關懷力可能就包含尋求原諒或修復關係。有可能這個苦痛是他人刻意或無意間對你造成的，那這裡的關懷力可能就包含要自我關懷、打開心胸接受他人提供的關懷、表達寬恕或建立新的界線。痛苦的類型、你的個人價值觀以及對你和他人最有益的考量，會決定你最後選擇的關懷力形式。

寬恕是一種很特殊、很強大的關懷力形式，它不僅是對自我的關懷，也是對他人的關懷。寬恕自己或他人所帶來的自由，讓你可以把焦點放在對你有幫助或對你來說很重要的事物上。寬恕讓你可以正視發生了什麼事，並且能夠放下這些苦痛，繼續向前邁進。但這不代表你就得喜歡、合理化或是寬恕這樣的經歷，或者這個經歷造成的痛苦。而是帶入保護和信心，讓自己知道，如果可以的話，你會避免這種傷害再次發生在自己或他人身上。事實上，寬恕可以是一個很私密的過程，你不需要對你要原諒的對象提起，也不用見到他本人。這個過程可以視為思緒和心境的練習，目的是放下苦痛。接下來的練習中，目的是要幫助你練習在面對造成你的痛苦的人時，展現帶有關懷力的寬恕。

試試看

寬恕他人

從最近經驗中挑選，找出一次他人造成你痛苦或困擾，不過你已經準備好要原諒他的經驗。建議你挑不是太重大或太棘手的目標，這麼一來你可以練習接受與寬恕，同時避免陷入其中。

引導寬恕練習

先從坐下並閉上雙眼開始，將你的覺察力帶入呼吸時空氣進出體內的流動。接下來，將你的專注力放在腳底，感覺與地面的接觸。保持挺直並且有施力點可以支撐的姿勢。讓臉部表情反映出關懷與友善。你可以用動作或碰觸來幫助你，比方說將雙手放在心口的位置。想想有關懷力的那個自己具備的智慧、力量、良善與勇氣。

下一次吸氣的時候，想起最近那次經驗。盡可能地去感受這段回憶給你的感覺和情緒，注意隨之產生的身體感受和思緒。

試試看正視與接受這些感受、思緒和體感，不要抗拒、逃避或將其放大。同時請持續吸氣、吐氣。

下一次吸氣，拿出有關懷力的理解，驗證自己的經歷。盡可能地正視這起事件傷你多深。試著為受傷的自己提供一些良善和照顧。讓自己明白，會感受到這樣的痛苦為什麼很合理，並且將有關懷力的感覺，像是溫暖、善良和愛護帶到你自己身上以及你的傷痛上頭。

準備好以後，試著將有關懷力的理解帶到你想寬恕的人身上。試著找到一個比較中立的角度來看看，是什麼東西導致這個人傷害你——也許是他們自己的恐懼、憤怒、哀傷或困惑。盡可能地將自己抽離出來再審視，並且將開闊的思考能力和理解力加入這個變得更寬廣、更平衡的視角。處理這些經歷的同時，請繼續吸氣、吐氣。

下一次吸氣時，想想你希望能寬恕這個人的意圖。想想自己已經準備好了，能對已經發生的事情表示寬恕、接受這件事對自己造成什麼樣的感覺。向自己保證會繼續練習原諒這個人。如果你有意願的話，可以這樣聲明。

「希望我能願意原諒你。」

「希望我能從背負痛苦與折磨中脫身。」

「希望我能堅持下去，照顧自己並且寬恕你。」

這項練習，你想要進行多久就進行多久。試著肯定進行了這場寬恕練習的自己。然後，下一次吸氣時，將正念專注力帶到呼吸上。吐氣的時候，將這次練習完全放掉。準備好以後，睜開雙眼，將你的專注力放在當下。

對朋友展現關懷力

將關懷力帶入友誼中與將關懷力帶入家庭關係中很相似。就跟我們在家庭中看過的狀況一樣，這麼做會需要不同形式的關懷力，取決於你的個人價值觀、痛苦的本質，以及對你和對方最有益的元素。不同的友誼關係也可能會有獨特的特徵和運作方式，不過我們心中針對友誼而存在的個人價值觀通常變數較少。下一個練習中，你要來試著辨明、記錄自己的友誼價值觀以及對於採取關懷力行動的承諾。

試試看

你的友誼價值觀與承諾

在這個練習中，利用筆記本來辨別、記錄你心中與友誼有關的價值觀，以及有關懷力的行動承諾。利用以下問題做為引導：

- 當一個朋友的意義對你來說是什麼？
- 你用過哪些方法將關懷力帶入友誼關係中？
- 朋友受苦的時候，你選擇用什麼方式支持他們？
- 你在照顧需要幫助或陷入泥沼的朋友的時候，你怎麼照顧自己？
- 你體現這些價值觀的時候，看起來如何？
- 舉例一件最近你可以從自己的價值觀出發、採取行動的小事。

跟面對家庭的時候一樣，友誼中的關懷力有許多不同形式，包含付出關懷力給他人、接收他人給予的關懷力，以及使用自我關懷，讓我們能展現最好的自己。這些關懷力的類型不會相斥，可以同時使用。有許多方式可以同時對自己發揮關懷力，也關懷我們在乎的人。這麼做好處多多，特別是如果我們自己常常光顧著照顧他人，卻忘記對自己好。

試試看

關懷自己，關懷他人

在這個練習中，你要用上韻律式呼吸歸正法（詳見第二十三頁到第二十五頁），以及建立在關懷力上的意圖，還有一點意象運用。

你可以利用這個方式來做正式的冥想，或者意象練習，也可以在每天與他人互動的時候使用。如果你用這個練習來冥想，先在心裡想像一個正在受苦的人。如果你將這個練習用在每天與他人的互動之中，與你互動的那個人就是你的關懷力要傳送的對象。

先重複進行幾次韻律式呼吸歸正法，將正念覺察力加入每一次吸氣和吐氣中。吸氣，注意自己正在吸氣。吐氣，注意自己正在吐氣。

下一次吸氣的時候，想像自己為自己吸入了關懷力。你可以想像以下的文字：「請讓我愛護、關懷自己。」

下一個呼氣的時候，想像自己將關懷力吐出，分享給他人。你可以想像以下的文字：「希望你感覺到愛護和關懷。」

在每一次深呼吸中，加入關懷力的意圖和溫暖、關心與良善的感覺。

這項練習，你想要進行多久就進行多久。準備好以後，把注意力移轉回呼吸，慢慢地吐氣，放掉剛剛的想像畫面與關懷力的意圖，讓專注力回到當下。

對世界展現關懷力

人類物種的存亡就取決於我們照護彼此的能力。我們光靠自己是活不下去的，特別是嬰兒和孩童，他們需要他人給予養分、餵食和保護。隨著年齡增長，我們或多或少會繼續依賴他人，成人也會用不一樣的方式照護彼此。就算你單身獨居，你的生活仍透過許多管道與其他人緊密相連。比方說，你坐的椅子、住的建築物是其他人打造的，你吃的食物是其他人種植、生產和付出的成果，就連你手上看的書都是因為其他人努力工作才存在。一個人生活中的每一天幾乎都有他人參與重要環節。

辨明了我們的社會本質以及需要他人這點後，就比較能看得清我們與生活中那些人之間的連結，甚或數不清的人與他們的連結。我們就能開始看清所有生命之間的交互聯繫關係。

該如何將關懷力帶入我們的世界、灌溉人與人之間廣闊的聯繫之中，這件事也可以利用個人的價值觀來指引自己。我們可以檢視在社群之中、環境之中，以及整個人類物種之中，哪些東西對我們來說是最重要的，接下來就可以決定自己要如何在這個世界上體現關懷力。從這些價值觀出發、跟自己承諾一定會採取行動，不僅能幫助到我們想要用關懷力對待的人，也能幫助我們實現價值觀、引導我們活在更有意義的人生中——而且感覺應該也挺不賴的。

試試看

刻意又隨機的行動

要把關懷力帶到這個世界上，有很多方法。可以是因為你按照自己對社群、對環境的價值觀做事而產生了關懷力，或者是你對待世界上其他人的方式。

花點時間來利用以下問題引導自己思考你在這幾個領域中的價值觀。然後在筆記本裡列出一張清單，寫下可以代表那些價值觀、能幫助你用有關懷力的方式體現那些價值觀的小舉動。以下範例可以供你參考：

社群生活：

- 社群對你來說是什麼？
- 對你來說哪些是有意義的社群？
- 在你的社群裡，你希望自己如何散發關懷力、對誰散發關懷力？

環境

- 地球對你來說的意義是什麼？保護環境的意義呢？
- 你重視哪些環境行為或責任？
- 講到對環境使用關懷力，你覺得什麼東西很重要？

其他重要領域

- 對你來說，身為人的意義是什麼？
- 你如何看待面對不認識的人的時候產生的反應、對待對方的方式？

・你想要如何用關懷力對待其他人？

具備價值觀與關懷力的「刻意又隨機」行動列表

- 在地方圖書館當志工。
- 捐出大衣或罐頭食品。
- 減少使用塑膠製品、使用可重複利用的購物袋。
- 一週一天不吃肉（例：「無肉星期一」）。
- 在地方圖書館或醫院念書給小朋友聽。
- 替某人拉住門或按開電梯。
- 幫助某人拿東西或嬰兒車。
- 貢獻時間或資源給有價值的慈善機構。
- 把居住社區附近地上的垃圾撿起來。

另一個將關懷力帶入這個世界的方法，就是把關懷力和愛護的意圖傳給身邊的人和全世界。接下來是一套非常古老的練習的改編版，這套練習曾經被用來引發人心中產生良善、愛護和感恩的意圖給自己與所有生物。這個練習與第二章（第三十四頁）中的試試看練習「面對負面情緒時的自我關懷」有點相似，不過在這裡我們要把慈愛和關懷力引導到其他人身上，還有我們所處的世界之中。

試試看

引導慈愛練習

在接下來的練習中，你可以選擇一個或數個對象來讓你發送慈愛和關懷意圖。別忘記你也是這世上的一分子，所以可以把自己包含進去。

先閉上雙眼，進行幾次韻律式呼吸歸正法（第二十三頁到第二十五頁），將正念覺察力帶入每一次吸氣和吐氣中。接下來，想想關懷力的特質，例如良善、愛護、智慧和勇氣。

想想這個世界上有許多人渴望能健康、渴望能夠從痛苦中脫身，包含你在內。我們都希望能夠感覺被愛、被接受、被愛護。準備好以後，開始在心裡複誦以下內容，同時想著自己要傳達關懷力的對象。

「希望我們（他們，或對象的姓名）能充滿慈愛。希望我們（他們，或對象的姓名）能心平氣和。希望我們（他們，或對象的姓名）健康。希望我們（他們，或對象的姓名）快樂。」

一邊重複這些短句，一邊將內容連結你的關懷力意圖。讓每一句短句隨著你的呼吸頻率來去。如果分心了，溫柔地把專注力帶回這些句子、你的意圖和對慈愛與關懷的動機上頭。

這項練習，你想要進行多久就進行多久。準備好以後，把注意力移轉回呼吸，慢慢地吐氣，放掉剛剛的關懷力意圖與短句。將專注力拉回當下，你知道你可以隨時回去進行那個練習。

你在自我關懷之路上向前邁進的同時，很可能會發現練習對他人展現關懷力是你在這個世上用這個全新、更有關懷力的方式存在的同時，自然發展出來的行為。關懷力是一種自我補充的資源：你培養越多關懷力、給自己越多關懷力，你就有越多關懷力可以分享給其他人。

第12章 眼前的路

我們一起在這段自我關懷的旅途上走了很長一段路。你練習了將自我關懷帶入感受、思緒、行動和這個廣大的世界之中。在這整個過程裡，你試過為自己量身打造自我關懷的方法和練習內容，這條路大可不必止步於此。我希望你可以繼續這趟旅程，繼續用有意義、有益處的方式練習自我關懷。在這一章裡，我會提供你一些建議和計畫，讓你能帶著本書中做過的練習繼續走下去。

你可能已經注意到，自我關懷不僅只是對自己好而已——雖然善待自己是非常重要的一個元素。有了完善的練習，自我關懷可以幫助我們發展出動力、韌性和勇氣，來面對人生中無可避免的苦痛和挑戰。這麼做可以給我們一種能力，在我們發現任何苦痛的時候，都可以將其視為練習關懷力的機會，也教導我們學會願意從自身經驗中學習、成長。自我關懷也能讓我們懂得如何在遇見挫折和痛苦的時候，使用更有技巧的方式來面對。我希望經過這些練習之後，你已經變得能夠對自己更有覺察力，更能理解自己經歷的困境，也學會如何使用自我關懷來幫助自己有效處理那些狀況、在困境中也能好好照顧自己。

繼續向前

你越常接觸自我關懷，就會有越多關懷力可以使用。在持續使用與練習之下，你就能不斷從中獲益。就跟人在追求其他重要目標的時候一樣，自我關懷也是持續不斷的過程，不是一個結果。

在本章中我們要花點時間來看看你要如何訂立量身打造目標和意圖，藉此持續進行自我關懷的過程——對你來說有意義的過程，也是建立在截至目前為止，你學過、練習過的東西之上的過程。不過，繼續下去之前，先花點時間回顧一下很重要，看看這對你有什麼意義、接下來的基礎是什麼。

對你來說，什麼是自我關懷？

翻翻你的筆記本，回顧一下到目前為止，自己學到什麼、完成了什麼，並且記下想法和反思的內容。你可以使用以下問題和提示來引導自己：

- 在自我關懷這個主題中，還有過程中做過有關懷力的覺察、有關懷力的專注和有關懷力的行動，我學到了什麼？
- 我認為我的進步或成長領域是什麼？
- 對我來說，自我關懷對我意味什麼？

回顧過後，針對自己花了時間、努力和所做的承諾好好認同自己：

- 在這件事上我覺得自己很棒、很光榮的事情是……

現在，讓我們來看看你想怎麼樣繼續向前邁進吧。你回顧筆記本裡的內容、思考自我關懷計畫的時候，可能會注意到有些範圍還可以再多加留意。又或者有特定範圍、練習內容對你而言特別有幫助或有意義。

將自我關懷變成習慣

讓我們先把你想要繼續努力的範圍、想要繼續養成習慣的練習標記出來。你可以使用以下問題和提示來引導自己：

- 本書中哪些範圍、章節或部分是我想要繼續努力或重複練習的呢？
- 哪些範圍或練習是我覺得最有用、最有意義的？
- 我想把哪些練習變成我每天的習慣和行為的一部分？

接下來，決定幾個對你可能最有用的策略。你可以使用以下建議中任何一條，或者自己想新的：

- 繼續建立練習紀錄或日誌。
- 在日曆上記下你做的自我關懷之舉。
- 利用量身打造自我關懷計畫的章節內容（第四章、第七章和第十章）來做計畫、訂立目標以及／或者自我獎勵技巧。
- 訂出固定練習時間表並且定時執行。

真實案例・採取自我關懷

眼前的路

關懷，跟那句俗語說的一樣，是一段旅程，不是一個目的地。最後這個例子是要讓我們明白，踏上自我關懷這條路之後，可以怎麼樣繼續走下去。

由紀與我一起完成一套線上關懷訓練課程之後，透過固定的關懷力練習、參與住處附近的瑜伽教室舉辦的免費冥想社團來維持進度。她開始將有關懷力的意圖、目標與每週固定行程合併，包含加入自我關懷的練習，以及對自己與他人做一些簡單的「刻意又隨機」關懷力行動。例如在家裡各處放一些有關懷力的紙條和鼓勵的話給自己和珍愛的人、一個禮拜買一束花來放在廚房餐桌上。由紀也訂下每週末的自我關懷練習時段，每到這個時間，她就會練習想像有關懷力的自己的意象或冥想，以及採取其他有關懷力、與自我價值觀相符的健康行為，比方說下廚料理、瑜伽和健行。她指定了家中一隅做為有關懷力的環境供練習使用，並且用勵志的藝術作品、舒服的坐墊和最喜歡的香氛蠟燭布置那個空間。

她編輯了一張自我關懷播放清單，挑選了對她來說能夠體現自我關懷的歌曲在裡面，讓她可以在進行自我關懷行為或需要一點激勵的時候聽。長久下來，由紀注意到那個有關懷力的自己會在她最需要的時候出現，比方困在車陣中的時候，或是在工作上不如意、壓力太大的時候。隨著由紀持續將自我關懷的覺察力、理解力和行動結合在生活之中，關懷力變成了她與自我、與他人和周遭世界互動時的一部分。

進步的路不見得總是筆直

建立新的行為、習慣和練習的時候，難免會遇到阻撓和挑戰。對於這些情況，我們要做好心理準備，並且利用這些情況做為練習自我關懷的機會。除此之外，我們還可以事先預期這類阻撓出現的狀況，然後盡可能地提前做好規劃，讓自己在當下能夠堅守有關懷力的承諾、價值觀和需求。

跟你在量身打造自我關懷計畫的章節（第四章、第七章和第十章）所進行過的活動相似，你會想要先認清所有可能會出現的阻礙、干擾或挑戰。而這麼做會產生棘手的或負面的思緒、感受和畫面，特殊的生活事件、情況或生活經歷都可能會阻礙我們繼續追求自我關懷。你可以回頭翻翻筆記本，回顧你在閱讀本書的過程中，一邊執行自我關懷計畫的同時所發現的處理挫折的良方。

除此之外，牢記價值觀和需求都會有幫助。在接下來的練習中，我提供了幾個例子說明如何時刻維持自己的關懷力承諾、價值觀和需求。在預先規劃的時候要記得，保持彈性、有點不完美的方法是最理想的，這樣一來才有空間保留你的人性特質。你越是願意犯錯，並願意在犯錯時用自我關懷對待自己，你就越容易學習成長。

試試看

時時溫習價值觀

回顧、回想你在閱讀這本書的過程中找到的那些你覺得很重要的價值觀。你可以看看筆記本裡做過的練習，回顧第九章（第一七一頁和第一七六頁）與第十一章（第二〇七頁和第二一六頁）中與價值觀有關的練習。或者是問問自己，現在對我來說最重要的是什麼？把這些價值觀放在心上後，想想能夠如何提醒自己那些東西對自己來說最重要。以下是幾個建議：

- 把價值觀寫下來，放在皮夾裡或記在手機裡面。
- 常常看一張圖片或畫面，可以設定成手機或電腦的桌布。
- 戴某個首飾，或是將某個能象徵、代表你的價值觀的物品隨身攜帶。

建立一張自我關懷或受價值觀啟發的播放清單，把能夠體現你價值觀或大方向來說，能夠表現自我關懷的歌曲放進去，常常播放，讓自己受鼓舞或者提醒自己那些東西對你來說很重要。

試試看

時時溫習自我需求

要進行自我關懷以及不斷追求自我價值觀和目標，你最需要的是什麼？

你可以利用以下問題當作引導：

- 最開始是什麼東西讓你想要追求自我關懷？
- 你可以怎麼利用你學到的自我關懷知識來幫助這個方面的自我？
- 你想到理想中的那個有關懷力的自我的時候，那個形象要能茁壯發展下去，最需要的是什麼？

- 想好這些需求之後，想想要怎麼提醒自己那個有關懷力的自己最需要哪些東西才能真正壯大？在追求自我關懷的過程中，你可以提供自己哪些東西？

以下是幾個需求的例子：

- 留時間來自我反省。
- 優先安排自我照護相關的計畫，比方睡眠、放鬆或運動。
- 與珍愛之人保持聯繫，或與朋友、家人相處。
- 進行放鬆或其他舒緩的活動。
- 從緊繃的工作或高壓活動中讓自己喘口氣。

以下是幾個提醒的例子：

- 訂定鬧鐘或電子提醒通知。

- 看看圖片或畫面，想想滿足需求後看起來會是什麼樣子。
- 把需求清單列出來，放在皮夾裡或記在手機裡。
- 請自己愛的人或伴侶偶爾提醒你。

立下承諾

在研習會上或單獨教導客戶關懷力的時候，我都會鼓勵大家在自己練習的時間裡辨清、寫下心目中的那個自己的樣貌，或是他們希望自己可以做到的重大改變或未來想看見的變化。然後要求他們針對自己在追求這些的過程中，制定出可以合理完成的小目標或步驟。最後，我會問他們願不願意發表一些公開的承諾，把他們希望長期下來能做到的改變與願意採取的小行動對外說出來。

在接下來的練習中，我也會邀請你這麼做。

試試看

預見你想要的人生

花點時間反思一下你希望自己能往哪個方向去，希望未來能看見自己在哪個境界。讓自己在腦海中勾勒那種對你有意義、有自我關懷的人生的模樣。如果人生可以實現你的意圖和價值觀，跟現在會有什麼不同？大膽地去想像吧。在筆記本裡描述一下你心目中的人生。

接下來，想想如果要往這個理想前進，找出可以在接下來幾天、幾週中採取的小步驟，並且將這個步驟記錄在筆記本中。

最後，如果你願意的話，在你覺得可以接受的程度，把這個意圖對外公布出來，可以大聲說出來，或是跟某人或一群你信得過的人分享。

這本書到這裡已經進入尾聲，我們相處的時間也要告一段落了，我想肯定你和你所做的一切。謝謝你做自己，也謝謝你花時間培養新的技能、訂定新的目標，還有為自己的人生做出真實的改變。你可以理直氣壯地讚美自己踏上了自我關懷這條路。經過這段過程中的努力，比起開始之前，你已經為這個世界帶來更多關懷力，為此我衷心感謝。希望你與關懷力的旅程能夠帶著智慧、力量和意圖繼續走下去。希望你能越來越常接觸關懷力，也希望你的關懷力會越來越常接觸你。

Creative 169

請對自己好一點
平息內在風暴的善待之書

填回函雙重禮
①立即送購書優惠券
②抽獎小禮物

作　　者｜蘿拉・希爾伯斯—蒂奇
譯　　者｜翁雅如
出 版 者｜大田出版有限公司
台北市一〇四四五 中山北路二段二十六巷二號二樓
E-mail｜titan@morningstar.com.tw http：//www.titan3.com.tw
編輯部專線｜（02）2562-1383 傳真：（02）2581-8761
總 編 輯｜莊培園
副總編輯｜蔡鳳儀
行銷編輯｜陳映璇
行政編輯｜林珈羽
校　　對｜金文蕙／黃素芬／翁雅如
內頁美術｜陳柔含
初　　刷｜二〇二一年十二月十二日　定價：三八〇元
網路書店｜http://www.morningstar.com.tw（晨星網路書店）
TEL：04-23595819 FAX：04-23595493
購書Email｜service@morningstar.com.tw
郵政劃撥｜15060393（知己圖書股份有限公司）
印　　刷｜上好印刷股份有限公司
國際書碼｜978-986-179-695-6　CIP：177.2/110015882

國家圖書館出版品預行編目資料

請對自己好一點：平息內在風暴的善待之書／蘿拉・希爾伯斯—蒂奇著；翁雅如譯．——初版——台北市：大田，2021.12
面；公分．——（Creative；169）

ISBN 978-986-179-695-6（平裝）

177.2　　110015882

法律顧問：陳思成